Gartenteich

Peter Stadelmann
Mitarbeit: Renate Weinberger

GARTEN-
TEICH

Die schönsten Ideen
für Bachläufe, Teiche und Wassergärten

Farbfotos von
Jürgen Becker,
Friedrich Strauß und
anderen Naturfotografen

Zeichnungen von
Heiner O. Neuendorf

Bechtermünz

Inhalt

Erlebniswelt Wasser

<u>Wichtig</u>: Damit die Freude an Ihrem Gartenteich, Bachlauf oder Wassergarten ungetrübt bleibt, beachten Sie bitte den Abschnitt »Hinweis und Warnung« auf Seite 140.

<u>Zum Bild</u>:
Es wächst und gedeiht am Gartenteich. Aus dem satten Grün der Blätter leuchten die kornradenblauen Blütenähren des Hechtkrauts hervor (vorne). Einen schönen Kontrast dazu bilden die roten Rispen des Blutweiderich.

Ein Wort zuvor

Fühlen Sie sich zum Wasser hingezogen? Dann wissen Sie, wie stark dieses Lebenselement auf unsere Sinne wirkt. Es regt an und beruhigt zugleich, wir können es sehen, hören, riechen, schmecken und auf der Haut spüren. Stunden am Wasser verbracht, zählen zu den schönsten Naturerlebnissen. Sei es Sonnengeflirr und Wellengekräusel auf der Fläche eines Sees, das Rauschen eines Flusses oder das Plätschern eines Wiesenbaches ... Da werden Alltagssorgen unwichtig, es stellen sich Ruhe und Gelassenheit ein, Zufriedenheit und Freude.
Diese Erlebniswelt Wasser können Sie – im Kleinen – auch in Ihrem Garten haben. Wie das gemacht wird, zeigt und beschreibt dieser große Ratgeber Gartenteich. Sie erfahren darin, daß es neben dem Naturteich und Zierteich noch eine Fülle von überraschenden Variationen gibt: zum Beispiel den Teich auf der Terrasse, den Gartenteich, in dem man baden kann, den Spielteich für Kinder oder das Sumpfbeet für den Minigarten. Das besondere Erlebnis ist ein Bachlauf im Garten, der von der Quelle bis zum Teich als Mündung in unendlichen Varianten durch den Garten schlängelt. Wer Platz hat, kann einen Wassergarten anlegen, indem er Teiche, Springbrunnenbecken, Wasserfälle und Sumpfbeete durch den Bachlauf miteinander verbindet. Lassen Sie Ihrer Phantasie beim Gestalten Ihres Teiches freien Lauf, das Knowhow für die Verwirklichung Ihrer Träume vermittelt dieser Ratgeber.
Das Besondere dieses Bild-Ratgebers sind die Praxis-Seiten, auf denen in anschaulichen Modellzeichnungen und präzisen Anleitungen alle Arbeitsschritte erklärt werden – leicht nachvollziehbar auch für Anfänger. Über die Praxis des Teichanlegens hinaus erfahren Sie alles Wichtige über die vielfältigen Teichrandgestaltungsmöglichkeiten, die schönsten Teichpflanzen, über Fische und Teichtiere, die sich im und um den Gartenteich ansiedeln können. Und nicht zuletzt sind Teichpflege und das richtige Überwintern von Teich und Bach ausführlich erklärt. Neben Lesevergnügen und kompetentem Rat bietet dieser Bild-Ratgeber mit seinen 150 Farbfotos eine einmalige Bilderschau von traumhaften Teichen für große und kleine Gärten in Gesamtansicht und im Detail mit der ganzen Vielfalt an Pflanzen und Tieren.
Autor und Verlag danken den Fotografen Jürgen Becker, Doris Schlaback-Becker und Friedrich Strauß für die eigens für diesen Ratgeber aufgenommenen Farbfotos, sowie allen anderen Naturfotografen und dem Zeichner Heiner D. Neuendorf für seine informativen Zeichnungen.

Teiche in Kultur und Natur

Ohne Wasser gäbe es kein Leben auf der Erde. Nicht nur, daß es zu rund 70 % die Erdoberfläche bedeckt und in Form von Wasserdampf bis zu 4 % in der Atmosphäre enthalten ist, auch die Körpersubstanz der meisten Organismen besteht zu 60 bis 70 % aus Wasser. Durch die Religionen der Völker zieht sich der Glaube ans Wasser als dem Urzustand, aus dem die Welt erschaffen wurde. Gleichzeitig gilt es als Element, das Leben, Gesundheit und Fruchtbarkeit spendet.

Das Element Wasser

»Des Menschen Seele gleicht dem Wasser; vom Himmel kommt es, zum Himmel steigt es, und wieder nieder zur Erde muß es, ewig wechselnd«, dichtete Goethe in seinem »Gesang der Geister über den Wassern«. Ruhe und Wildheit, Gleichmaß und Wandelbarkeit sind Eigenschaften des Wassers, die uns faszinieren. Wir ruhen gerne an einem stillen See, empfinden wohligen Schauder beim Anblick eines in die Klamm hinabschießenden Wassers, wir sehen im Fließen des Wassers ebenso ein Symbol der Stetigkeit wie der Veränderung, Erneuerung, Entwicklung. Wasser bringt Fluch – wenn es zuwenig oder zuviel da ist – und Segen, was in einem turkmenischen Sprichwort wunderbar ausgedrückt ist: »Wirf auf deine Spur ein Samenkorn, gib einen Tropfen Wasser darauf, und du erhältst eine reiche Ernte.«

Heiligtum Wasser

Wasser war für die Menschen des Altertums etwas Magisches, Anbetungswürdiges. In der griechisch-römischen Mythologie wähnte man alle Gewässer von anmutigen weiblichen Naturgeistern, den Nymphen, bewohnt und verehrte sie an Quellen in Hainen und Grotten. Bei den Kelten waren Quellen, aber auch Bäche, Flüsse, Sümpfe und Seen, Heiligtümer. Dort brachten die Druiden Menschenopfer dar oder legten Opfergaben nieder.

In der germanischen Sagenwelt floß unter jeder der drei Wurzeln der Welt-Esche Yggdrasil ein Brunnen. Einer davon war der Urdsbrunnen, die Schicksalsquelle, an der die drei Nornen, die Schicksalsgöttinnen, das heilige, alles verjüngende Wasser schöpften. Damit begossen sie jeden Morgen den Welten-Baum, der davon in immergrüner Jugend prangte und den Tälern befruchtenden Tau spendete.

Ohne Wasser keine Kulturen

Dort, wo es Wasser gab, erwuchsen die ersten Kulturen, ja, man kann sagen, daß mit der Bewässerung die Zivilisation begann. So entwickelten sich zwischen Euphrat und Tigris aus dem Ackerbau auf bewässerten Feldern die ersten Hochkulturen. Hier wurde auch eines der Sieben Weltwunder der Antike angelegt, die Hängenden Gärten der Semiramis. Es soll ein Lustgarten von auserlesenem Luxus gewesen sein, kunstvoll erbaute Steinterrassen voll üppig blühender Blumen und tropischer Bäume, die mittels eines Schöpfwerkes bewässert wurden. Die Sumerer, Babylonier und Assyrer beherrschten die Kunst der Wassertechnik in staunenswerter Weise.

Auch das Reich der Pharaonen verdankt Macht, Ansehen und Reichtum einem Wasserlauf, dem Nil. »Der älteste der Götter, der Nil, der alles schuf und der aus dem Ufer tritt, um den Menschen das Leben zu geben«, heißt es in einer altägyptischen Inschrift. In den Palastgärten waren Wasserbecken angelegt, in denen Lotusblumen schwammen.
Von den grandiosen Bauwerken für die Wasserversorgung, mit denen die Römer ihr Reich überzogen, geben uns bis heute die vielerorts erhaltenen Aquädukte Kunde. Wasser gehörte notwendig zur Anlage einer römischen Villa. Es war in Marmorbassins gefaßt, durchlief in Röhren den Garten und erschien als Springbrunnen oder Wasserfall.
Auch Chinas Aufstieg begann mit der Bewässerung, genauer gesagt: mit der Bändigung des Hwangho, des Gelben Flusses. Blütezeiten des Wasserbaus waren Blütezeiten der chinesischen Kultur. Ein Zeugnis dieser Kultur waren der Kaiserpalast und die dazugehörigen Gärten, die an Pracht, Kostbarkeit und erlesenem Geschmack nicht ihresgleichen fanden. Hier war alles künstlich angelegt und sollte doch als ein Werk der Natur erscheinen: Wasserläufe ahmten Bäche und Flüsse nach, Seen mit Inseln und Felsen darin waren so natürlich wie möglich gestaltet. Die Wasseroberfläche als Spiegel des Himmels galt als das sichtbar gewordene Herniedersteigen des Himmels zu den Menschen.
Das chinesische Gartenwesen beeinflußte auch den japanischen Garten. Seit eh und je betrachtet man in Japan Haus und Garten als untrennbare harmonische Einheit, was sichtbar ist an der Bauweise der Häuser: Sie lassen sich durch verschiebbare Wände so weit öffnen, daß Drinnen und Draußen eins werden können. Wege, Teiche und Bäche, Brücken und Zäune sollen sich natürlich in die Landschaft einfügen und sich in ihr verlieren.
Der arabische Garten ist ebenfalls reich an Wasser, denn für den Nomaden war Wasser der größte Luxus seines Daseins. Er konnte es mit der Hand schöpfen und sich die Stirn kühlen, er sah darin den Himmel sich spiegeln, er lauschte der Musik seiner Brunnen. In der Alhambra im andalusischen Granada ist dieses Wechselspiel von spiegelnder Fläche, die Licht und Weite in die umschlossenen Höfe bringt, und plätschernder Lebendigkeit der Brunnen in den Gärten poetisch und sinnlich zugleich.

Morgenstimmung am Teich. Noch sind die Gräser mit Rauhreif bedeckt, doch die Sonne wärmt sie schon mit ihren Strahlen.

Barockgarten und englischer Park

Der Garten des 16. und 17. Jahrhunderts glich den römischen Gärten. Der Architekt entwarf die Anlage und unterwarf sie dabei gestalterischen Gesetzmäßigkeiten und nicht den Anforderungen und Bedürfnissen der Natur. Der Pflanzenwuchs wurde Bestandteil der Architektur, das heißt, man beschnitt, was über die einmal festgelegte Form hinauswuchs. Auch dem Wasser wurde kein freier Lauf gestattet. Man faßte es in geraden, starren Kanälen, schleuderte es in Fontänen in die Höhe, wo es die Blicke auf sich zog, oder leitete es über steinerne Treppen kaskadenförmig hinab. Im Barockgarten, der in Frankreich seine höchste Ausformung fand, war alles der Hand des Menschen ausgeliefert. Fehlte sie, verwilderte er schnell.
In England faßte das Prinzip des chinesischen Gartenwesens Fuß, nämlich alles so natürlich wie möglich erscheinen zu lassen, die Anlage der Landschaft anzupassen und in sie einzuschmiegen. Der englische Park oder Landschaftsgarten mit seinen natürlich anmutenden Bachläufen und Seen machte überall Schule, ein gelungenes Beispiel dafür ist der Englische Garten in München.

Spätsommerliche Idylle. Was wie ein Stück wilde Natur aussieht, ist ein Werk von Menschenhand. Der T-förmige Naturteich ist ruhevoller Mittelpunkt eines Gartens, der auf einem ehemaligen Wiesengelände angelegt wurde. Der alte Baumbestand blieb erhalten. Von den üppig blühenden gelben Sumpf-Schwertlilien, die den Teich ringsum säumen, sind zu dieser Jahreszeit nur noch die Blätter übrig.

Teichvorbilder in Natur und Landschaft

Wie fast alles, was der Mensch in seinem Nachahmungs- und Darstellungstrieb für sich in Anspruch genommen hat, findet auch der Gartenteich mannigfaltige Vorbilder in der Natur. Wasser ist ja ein überaus anpassungsfähiges, gleichzeitig lebenspendendes Element. So sammelt es sich überall dort, wo der Boden ihm die Gelegenheit dazu bietet, tost als Bach über Felsen oder murmelt durch Wald und Wiesen, spiegelt als Weiher oder See Himmel und Landschaft wider und kann selbst in winzigsten Pfützen, in Wagenrinnen oder Ackerfurchen Pflanzen und Tieren Lebensraum sein.
In dem folgenden Überblick werden die Teichvorbilder in Natur und Landschaft mit ihren jeweiligen charakteristischen Eigenarten kurz vorgestellt.

Weiher – der »See ohne Tiefe«

»Ein Weiher ist ein See ohne Tiefe«, definierte kurz und bündig der Schweizer Forscher François Alphonse Forel (1841–1912), der als der Begründer der Wissenschaft von den Binnengewässern, der Limnologie (griech. *limne* = See, Teich, Sumpf), gilt. Und er lieferte gleich noch ein zweites Merkmal: nämlich daß der Boden eines Weihers aufgrund der mangelnden Tiefe in seiner gesamten Ausdehnung von höheren Wasserpflanzen bewachsen sein kann. Selten tiefer als 2 m, weist ein Weiher im Gegensatz zum See in seinen verschiedenen Wassertiefen geringere Temperaturunterschiede auf. Meistens sind solche Gewässer nicht sehr groß, oft bedecken sie nur ein paar Quadratmeter. Eine berühmte Ausnahme bildet der Neusiedler See an der österreichisch-ungarischen Grenze, der sich zwar über 356 km^2 ausdehnt, aber mit einer durchschnittlichen Tiefe von 1,30 m als eine Art Riesenweiher angesehen werden kann.

»Totes« Wasser – ein Name, der täuscht

Sogenannte »tote« Wasser oder Kehrwässer bilden sich in Fließgewässern, und zwar überall dort, wo hinter Steinen oder zwischen Spalten die Strömung abgerissen ist. Weil sich das Wasser nur noch mit geringer Geschwindigkeit vorwärtsbewegt, können sich hier mehr Pflanzen und Tiere ansiedeln als im schnellfließenden Bereich. Zum Beispiel wurzeln in diesen Kehrwässern Moos, Grün- und Kraushaaralgen, verpuppen sich die Larven von Köcherfliegen, lauern räuberische Eintagsfliegen und Raubfische auf ihre Beute.
Der im Volksmund häufig verwendete Name für solche Regionen in Flüssen oder Bächen, »totes« Wasser, ist angesichts dieser Umtriebigkeit recht irreführend.

Tümpel – kleine Gewässer voller Leben

Tümpel sind meist nur wenige Zentimeter tiefe, sogenannte periodische Gewässer, das heißt, sie führen nur vorübergehend Wasser, manchmal nur ein paar Wochen bis höchstens einige Monate im Jahr. Wechselnde Ursachen führen zu ihrer Entstehung: im Frühjahr das Schmelzwasser, im Sommer und Herbst Regenfälle oder austretendes Grundwasser.
In Franken werden sie Himmelsweiher genannt, weil sie keine Zuflüsse haben und oft nur von den Niederschlägen, also vom Himmel, gespeist werden.

Zu den Bildern:
Oben: Verschwenderischer Reichtum der Natur. So üppig wie in diesem Niedermoortümpel sieht man den Wasserschlauch nur selten blühen.
Unten: Spuren »auf« dem Wasser. Nur an dem Schilf- und Binsenbestand ringsum läßt sich erkennen, daß unter der Schneedecke ein zugefrorener Weiher ruht.

Niedermoorweiher bei Worpswede. Ein leiser Wind kräuselt das von Schilf, Binsen und Seggen eingesäumte Wasser und läßt die Seerosen auf den Wellen tanzen.

Ein weiteres Kennzeichen der Tümpel ist, daß sie nicht mit Wasserpflanzen bewachsen sind, die die Trockenperioden nicht überstehen würden, sondern mit Landpflanzen-Arten, denen die jeweils kurze Überschwemmung nichts ausmacht.
Charakteristisch sind auch ihre Bewohner, zum Beispiel Einzeller wie Wurzelfüßer und Wimpertierchen, niedere Krebse oder Wasserflöhe. Solange Wasser da ist, entwickeln sie sich in rasch aufeinanderfolgenden Generationen, während sie die Trockenzeit in schützenden Hüllen überdauern.

Teich – ein künstliches Gewässer mit Tradition

Der Teich ist nichts anderes als ein künstlich angelegter Weiher. Er wurde von Menschen für bestimmte Zwecke geschaffen, etwa als Fisch- oder Feuerlöschteich. Diese Teiche können im Gegensatz zum Weiher auch abgelassen werden.

Früher hatte beinahe jedes Dorf seinen Teich, und schon vor rund hundert Jahren, nämlich 1885, plädierte der Lehrer Friedrich Junge mit seiner Schrift »Der Dorfteich als Lebensgemeinschaft« für eine »erlebte Biologie« im Schulunterricht.
Es ist wichtig zu wissen, daß sich bei einem künstlich angelegten Teich, der sich selbst überlassen wird, in wenigen Jahren die charakteristische Flora und Fauna von allein einstellt.

Kiesgrubenteich – Rückzugsgebiet für Flora und Fauna
Dieser Teich, im Volksmund auch Baggersee genannt, entsteht beim Abbau von Sand und Kies, weil dabei in den Bereich des Grundwassers vorgedrungen wird.
Die Baggerseen, die zu den sogenannten ausdauernden Stillgewässern zählen, sind heute die wichtigsten Ersatzbiotope (griech. *bios* = Leben, *topos* = Ort, Platz, Raum) für die immer rarer werdenden Feuchtgebiete und Flußauen mit ihren Kies- und Schotterbänken. In ihnen kann sich eine Vielzahl von Pflanzen und Tieren ansiedeln.
Das Wasser bietet Lebensraum für Fische und Amphibien, wasserliebende Pflanzen besiedeln die feuchten Randbezirke, in den Uferwänden finden Insekten und Vögel Nahrung und Unterschlupf. Auch als Erholungsgebiete für den Menschen sind Baggerseen längst nicht mehr wegzudenken. Im Sommer stellen sie eine beliebte Alternative zu den städtischen Freibädern dar.

Bachlauf – Naturerlebnis von der Quelle bis zur Mündung
Ein Bach ist ein Gewässer, das fließt. Es muß also ein Gefälle vorhanden sein. Man unterscheidet den Bergbach mit seinem V-förmigen Profil, der im Gebirge entspringt und über Felsen und Gestein tosend zu Tal stürzt, und den Wiesenbach, der sich je nach Untergrund und Lage hurtig in vielen Windungen (Mäandern) durch die Landschaft schlängelt oder in einem Graben gemächlich dahinfließt und sich dabei immer tiefer eingräbt. Er kann von Wasserfällen unterbrochen sein. Der Wiesenbach hat ein U-förmiges Profil und meist Sandboden mit Pflanzenbänken, die eine große Reinigungswirkung haben und ein reiches Nährstoffangebot (wie Bachflohkrebse) für viele Fische bereithalten.
Im heftig dahinschießenden Wasser des Bergbachs lebt die Bachforelle mit ihrer ideal strömungsangepaßten Körperform, Pflanzen jedoch können kaum darin wurzeln. Der Wiesenbach dagegen, der sich immer wieder Nischen, sogenannte Kolke, in seine Uferwände gräbt, hat eine lebendige Vielfalt aufzuweisen. Vor allem in den Kolken siedeln sich die unterschiedlichsten Pflanzen und Tiere an.
Leider werden auch die Bäche in der Natur immer seltener, und es ist geradezu schwierig, einen Wiesenbach mit ausgeprägten Windungen zu finden, der noch nicht zum Wassergraben begradigt wurde.

Nymphaea-Hybride 'Hermine'. Reinweiß leuchtet die mehr als 15 cm große Blüte dieser Seerose, die sehr robust ist und an der tiefsten Stelle des Teichs überwintern kann.

Seerosenteich in Bagatelle bei Paris. Wasser gehörte zur Anlage eines Schloßgartens in der Barockzeit. Es wurde in streng geometrische Teiche und gerade, starre Kanäle gefaßt. Eine natürlich anmutende, mit Seerosen und Teichrosen überwucherte Wasserfläche wäre zur damaligen Zeit nicht denkbar gewesen.

Ein Höckerschwan mit Jungen, vertrauter Anblick auf den Teichen vieler Parkanlagen.

Teichmodelle für große und kleine Gärten

Wer einen Teich mit seiner vielfältigen Pflanzen- und Tierwelt in seinem Garten anlegen möchte, wird bei näherer Beschäftigung mit der Materie schnell feststellen, mit was für einem Angebot an verschiedenartigsten Teichmodellen er zu tun hat. Um die Wahl zu erleichtern, sind sie in diesem Kapitel vorgestellt – vom Naturteich über den Zierteich mit Fischen bis zum Gartenteich mit Badespaß oder dem Sumpfbeet, bei dem es vor allem auf die bezaubernden Farben und Formen der Wasserpflanzen ankommt.

Für viele Menschen ist ein Gartenteich einfach ein Teich im Garten, und der eine Teich unterscheidet sich von dem anderen nur durch Bepflanzung, Form und Größe. Oft stimmt das auch. Doch es gibt Teiche, die weitaus markantere Unterscheidungsmerkmale haben und die dem jeweiligen Teich einen so individuellen Charakter verleihen, daß man ihm sogar einen eigenen Namen geben kann. Dazu gehören zum Beispiel die beiden geläufigsten Teichmodelle: der Naturteich und der Zierteich. Wer sich einen Teich anlegen will, denkt oft nur an diese beiden. Aber haben Sie schon mal an einen Teich zum Baden gedacht oder an einen Koiteich oder an einen Spielteich für Kinder, den man später in ein prächtig bepflanztes Sumpfbeet umwandeln kann?
Hinweis: Genaue Informationen über die in diesem Kapitel erwähnten Pflanzen und Tiere bekommen Sie auf den Seiten 94 bis 125. Und den Grundkurs fürs Teichanlegen, in dem Sie alles wichtige über Standort, Größe sowie das Anlegen von Folien- und Fertigteichen erfahren, finden Sie auf den Seiten 48 bis 63.

Der Naturteich – ein Refugium für heimische Pflanzen und Tiere

Beginnen wir mit dem natürlichsten aller Teiche, dem Naturteich, der »Natur pur« im Garten. Für ihn plädieren die Naturschützer, weil man mit diesem Teich neue Lebensgrundlagen für viele heimische Tier- und Pflanzenarten schaffen kann, deren natürlicher Lebensraum, die Feuchtgebiete, fast nicht mehr existiert.
Das sollten Sie wissen: So wünschenswert es wäre, aber Natur läßt sich leider nicht vollendet »nachbauen«. Ein Naturteich im Garten kann bestenfalls ein naturnaher Teich sein, aber nie ein Ersatz für die Natur, die draußen zugrunde geht. Ohne Zweifel ist aber jeder sachgemäß angelegte, naturnahe Teich imstande, einen sinnvollen Beitrag zum Naturschutz zu leisten.
Ob die Anlage eines naturnahen Teichs in Ihrem Garten möglich ist, hängt allerdings von verschiedenen Voraussetzungen ab:

- Wichtigster Grundsatz ist: Teich anlegen und der Natur freien Lauf lassen. Das müssen Sie akzeptieren. Korrigierend eingreifen sollten Sie nur in wenigen Fällen, wenn beispielsweise der Teich verlandet, zu sauer oder von Algen völlig überwuchert ist.
- Empfehlenswert ist eine Teichgröße von mindestens 15 m^2 (besser noch 30 m^2) mit einer Tiefe (Tiefwasserzone) von wenigstens 1,5 m. Wichtig ist je eine ausgedehnte Flachwasser- und Sumpfzone.

- Überflüssig sind technische Geräte wie Pumpe oder Teichfilter, fehl am Platz Beleuchtung oder Springbrunnen, aber auch Fische.
- Nur wenn in der Umgebung Felder, Wiesen und Buschwerk oder vielleicht sogar ein Feuchtgebiet liegen, bestehen gute Chancen, daß sich in Ihrem Naturteich eine Tier- und Pflanzenwelt wie in einem natürlichen Gewässer entwickelt. Wesentlich niedriger muß man – vor allem, was die Tierwelt betrifft – seine Erwartungen schrauben, wenn der Garten in der Stadt, in einem Industriegebiet oder umgeben von Autobahnen und verkehrsreichen Straßen liegt.

Standort: In der ruhigsten Ecke des Gartens; 5 bis 6 Stunden Besonnung am Tag sind wichtig für den Pflanzenwuchs.

Abdichtungsmaterialien: Teichfolie, Lehm beziehungsweise Lehmziegel.

Pflanzen: Nur einheimische Pflanzenarten einsetzen, die es in den speziellen Wasserpflanzengärtnereien zu kaufen gibt.

Spiel mit dem Wasser. Diese wind-wasserkinetische Plastik aus Edelstahl (Bildhauer W. Goeddertz, Köln) braucht viel Platz, um richtig zur Wirkung zu kommen.

In der Sumpf- und Flachwasserzone gedeihen zum Beispiel gut: Sumpf-Dotterblume (*Caltha palustris*), Blutweiderich (*Lythrum salicaria*), Igelkolben (*Sparganium erectum*), Sumpf-Schwertlilie (*Iris pseudacorus*), Rohrkolben (*Typha latifolia*), Froschlöffel (*Alisma plantago-aquatica*), Pfeilkraut (*Sagittaria sagittifolia*) oder Schilf (*Phragmites australis*).

Ins tiefere Wasser (ab 30 cm) passen einheimische Seerosen (*Nymphaea alba*), Seekanne (*Nymphoides peltata*) und Wassernuß (*Trapa natans*).

Der Blutweiderich (Lythrum salicaria) trägt seinen Namen nicht nur wegen seiner Blütenfarbe, sondern auch weil er früher als blutstillende Heilpflanze verwendet wurde.

Als Unterwasserpflanzen, die wichtig für die Sauerstoffzufuhr sind, eignen sich Laichkräuter (*Potamogeton*), Froschbiß (*Hydrocharis morsus-ranae*), Wasserpest (*Elodea canadensis*) oder Wasserschlauch (*Utricularia vulgaris*).

Geduldige Teichbesitzer, die wirklich alles der Natur überlassen wollen, warten, bis sich die Pflanzen von selbst ansiedeln, zum Beispiel durch Samenflug oder von Wasservögeln eingetragen.

Wichtig: Keine Pflanzen aus der Natur nehmen! Fast alle Wasser- und Sumpfpflanzen stehen unter Naturschutz (→ PRAXIS-Seiten 108 und 109).

Tiere: Alles ist erlaubt, was sich von allein einfindet. Auf der Suche nach neuen Wohn- und Laichgewässern finden Frösche, Kröten, Unken, Molche den Weg zu Ihrem Naturteich. Fast immer kommen Libellen, Gelbrandkäfer, Wasserläufer, Kolbenwasserkäfer oder Furchenschwimmer.

Keine Fische einsetzen! Falls die Natur Ihnen Fische »beschert«, können Sie sie in der Regel im Teich lassen. Gelegentlich tauchen nämlich Fische von ganz allein auf. Die Ursache: Die klebrigen Fischeier bleiben manchmal im Gefieder oder an den Beinen von Wasservögeln haften. Landen diese dann auf dem Teich, lösen sich die Eier, und über kurz oder lang sind die ersten Jungfische auszumachen.

Randgestaltung: Bis auf ein Beobachtungsplätzchen sollte der Teichrand nicht begehbar sein. Lehm oder Lehmziegel einfach nahtlos in den umgebenden Mutterboden »verstreichen«, Teichfolie im Erdreich so eingraben, daß das Folienende nach oben zeigt (→ PRAXIS-Seite 62). Den kleinen begehbaren Teil am besten mit einigen Natursteinen oder einem alten Baumstamm befestigen. Auch das Umfeld des Teichs sollte so naturnah wie möglich angelegt sein – ideal ist ein Naturgarten, aber auch mit der Anpflanzung von heimischen Pflanzen und Sträuchern ist schon viel getan. Gut geeignet für den trockenen Teichrandbereich sind zum Beispiel Schlangenknöterich (*Polygonum bistorta*), Gewöhnlicher Gilbweiderich (*Lysimachia vulgaris*), Blaues Pfeifengras (*Molinia caerulea*) oder die Hängende Segge (*Carex pendula*), die Büsche bildet, zwischen denen Sie gut kleine Wasserlöcher für den Moorfrosch anlegen können. Kleine Steinhaufen, aufgeschichtete Äste, vermischt mit Laub und Kompost, gehören ebenso in die Naturteichecke wie eine Lehmpfütze, die Schwalben Nistmaterial bietet, oder der Komposthaufen. Wildromantisch darf das Ganze sein, nur blanker Rasen ist fehl am Platz; falls bereits vorhanden, bepflanzen Sie ihn mit Sträuchern und Hecken, oder lassen Sie den Teichrand am besten in eine Wildblumenwiese übergehen.

Pflege: Nur nötig, wenn die Entwicklung des Teichs gestört wird, zum Beispiel durch extrem starken Algenwuchs oder Verlanden des Teichs. Falls sich Fische angesiedelt und vermehrt haben, ist im Winter ein Eisfreihalter für den Gasaustausch nützlich (→ Seite 130).

Der kleine Naturteich

Er ist sozusagen die kleinere Ausgabe des Naturteichs – gedacht für die vielen Gärten, in denen nur ein kleiner Teich Platz findet, deren Besitzer aber dennoch möglichst viel Natur in den Garten bringen möchten.

Das sollten Sie wissen: Wegen der geringen Teichgröße kann es hier nicht ganz so konsequent zugehen wie beim »richtigen« naturnahen Gartenteich. Die Devise lautet: Die Natur so weit wie möglich walten lassen, aber durch regelmäßige Pflegemaßnahmen nachhelfen.

- Empfehlenswert ist eine Teichgröße ab 6 m^2 und eine Wassertiefe (Tiefwasserzone) von mindestens 80 cm. Je größer der Teich ist, desto mehr Tiere können sich ansiedeln. Wichtig ist je eine ausgedehnte Sumpf- und Flachwasserzone.
- Ein kleiner Wasserfall ist nützlich für die Sauerstoffversorgung, während ein Springbrunnen nicht hierher gehört.
- An technischen Geräten wird eine Sauerstoff- oder Luftpumpe und oft auch ein Teichfilter benötigt.

Standort: Kann nah beim Haus angelegt werden; um den Teichgästen jedoch ein einigermaßen ruhiges Rückzugsgebiet zu sichern, sollte die Sumpfzone nicht direkt neben der Spielwiese Ihrer Kinder liegen.

Abdichtungsmaterialien: Teichfolie, Lehm, Lehmziegel, Kunststoff-Fertigbecken.

Pflanzen: Einheimische Pflanzen aus der Wasserpflanzengärtnerei. Robuste Zuchtformen der Seerose möglich.

Tiere: Alles, was von allein kommt. In Maßen einsetzen können Sie einheimische Fische wie Moderlieschen, Ukelei, Elritzen, Bitterlinge

Prangende Blütenpracht im Naturteich. Wer einen Teich anlegt, sollte auf die Sumpfzone nicht verzichten. Pflanzen, die einen feuchten Fuß vertragen, gibt es in Hülle und Fülle und in den bezauberndsten Farben und Formen.

(→ Seite 122). Dreistachelige Stichlinge fühlen sich auch wohl, sind als Laichräuber jedoch manchmal lästig. Die Eier von Goldfischen und Karauschen werden oft von Wasservögeln eingetragen. Die Fische können Sie im Teich belassen, einsetzen sollten Sie Goldfische aber nicht.
Randgestaltung: Eine möglichst natürliche Gestaltung mit kleinen Buchten, Steinhaufen oder Pflanzen schafft die Lebensbedingungen, die Ihre Teichgäste brauchen. Besser nur einen kleinen Teil des Teichrands mit Hilfe von Natursteinen oder Holz so befestigen, daß er begehbar ist. Als Bepflanzung für den trockenen Bereich in Teichnähe eignen sich Gartenpflanzen, blühende Stauden, Farne, Gräser, Ziersträucher wie Rhododendren oder Azaleen und natürlich alle Wildpflanzen.
Pflege: Im Herbst alle stark wuchernden Pflanzen auslichten, Mulm, Fadenalgen und abgestorbene Pflanzenreste mit Hilfe eines stumpfen Rechens entfernen. Diese sanfte Pflege verhindert, daß für den Teich schädliche biologische Prozesse in Gang kommen. In Gegenden mit harten Wintern sollten Sie den Teich abdecken, wenn Fische darin überwintern (→ PRAXIS-Seite 137).

Jeder Teich ist charakterisiert durch seine spezifischen Merkmale. Der Naturteich soll, einmal angelegt, weitgehend sich selbst überlassen bleiben, während es beim Zierteich gerade darum geht, mit ordnender Hand das Mit- und Nebeneinander von Pflanzen- und Tierwelt zu gewährleisten. Der Goldfisch- beziehungsweise Koiteich wiederum ist so darauf abgestimmt, daß die Schönheit der jeweiligen Fische voll zur Geltung kommt. Und im Spielteich für Kinder muß sowohl auf den spielerischen Anreiz als auch auf die Sicherheit geachtet werden.

Der Zierteich

Wesentliches Merkmal dieses Teichs ist die Vielfalt, denn er ist so angelegt, daß sich in ihm sowohl Fische als auch andere Teichgäste wie Frösche, Libellen oder Wasserläufer tummeln können. Auch unter den Fischen ist buntes Vielerlei gefragt. Elritzen, Ukelei, Bitterlinge oder Moderlieschen fühlen sich in einem gut gepflegten Zierteich genauso wohl wie Goldfische, Goldorfen oder Kois. In solch einen Teich passen auch die vielen farbenprächtigen Zuchtformen der Seerose.
Das sollten Sie wissen: Wenn die Lebensgemeinschaft von Fischen, Pflanzen und Teichgästen funktionieren soll, ist sowohl beim Anlegen des Teichs als auch bei der Pflege einige Sorgfalt nötig.

- Empfehlenswert ist eine Mindestgröße von 6 m^2. Damit die Fische im Teich überwintern können, sollte die Tiefwasserzone etwa 1 m^2 groß und mindestens 80 cm tief sein.
- Fische und andere Teichgäste werden sich nur wohl fühlen, wenn Sie nach dem Motto verfahren: Jedem das Seine. Während den Fischen naturgemäß das freie Wasser vorbehalten bleibt, müssen Sie als Lebensraum für Amphibien und andere Gartenteichgäste eine ausgedehnte Sumpfzone anlegen, und zwar so, daß sie vom Teichwasser gespeist wird, aber durch einen Steinwall abgegrenzt ist (→ PRAXIS-Seite 74). Viele Amphibien (wie Molche) meiden die Gesellschaft von Fischen, deshalb brauchen sie ein eigenes Terrain: eine flache, im Sommer fast verlandende Sumpfzone mit dichtem Bewuchs. Dadurch wird auch vermieden, daß die Goldfische den Laich der Amphibien restlos auffressen.
- Ideal ist ein tellerartiges Teichprofil, das sich bei kleinen Teichen aber nicht optimal verwirklichen läßt. Um eine Flachwasser- und ausgedehnte Sumpfzone anlegen zu können, muß man einen Teil des Teichufers etwas steiler anlegen.
- Fische und Seerosen mögen es nicht, wenn Wasser auf sie niederprasselt. Verzichten Sie deshalb auf einen richtigen Springbrunnen. Indessen fügt sich ein kleines Wasserspiel, zum Beispiel ein Quellstein, eine zierliche Fontäne, ein Wasserspeier oder ein kleiner Wasserfall

harmonisch in die Gesamtkomposition eines Zierteichs ein.
Standort: Dort, wo Sie sich am häufigsten aufhalten und den Teich im Blickfeld haben, ohne weiteres ganz nah am Haus, zum Beispiel vor der Terrasse. Natürlich ist jeder andere Platz im Garten ebenso möglich, vorausgesetzt, der Teich bekommt 5 bis 6 Stunden am Tag Sonne.
Abdichtungsmaterialien: Teichfolie, Kunststoff-Fertigbecken.
Pflanzen: Von den Seerosen, der Seekanne, der Krebsschere über die Teichrose für den tieferen Bereich bis hin zu den unzähligen Sumpfpflanzen wie zum Beispiel Iris, Lobelie, Froschlöffel, Blutweiderich oder Sumpf-Dotterblume reicht die Pflanzenpalette, die Ihnen bei einem Zierteich mit Flachwasser- und Sumpfzone zur Verfügung steht. Bei der Auswahl hilft Ihnen die Pflanzen-Übersicht auf den PRAXIS-Seiten 108 und 109.
Denken Sie nur bitte daran: In der Beschränkung zeigt sich der Meister. In einem von Seerosen zu stark abgeschatteten Teich fühlen Fische sich

Ein Schwimmteich mit Holzterrasse. Sie ragt, auf Pfeilern ruhend, übers Wasser. Die schwimmenden Kugelleuchten sind an ein Unterwasserkabel angeschlossen und werden mit Niedervoltspannung betrieben.

Platz ist im kleinsten Garten. Dieser Teich mit einem gepflasterten Sitzplatz ist der Mittelpunkt eines Gartens, der nur 300 m² hat. Harmonisch fügt sich die spiegelnde Wasserfläche in die bunte Vielfalt der Bepflanzung ein. Die Lockenten aus Kunststoff sind dekoratives Beiwerk.

Nymphaea 'Wesernixe'. Nachts und bei kühler Witterung gehen Seerosen »schlafen«, das heißt, ihre Blüten schließen sich.

nicht wohl, und manche Sumpfpflanzen schießen derartig ins Kraut, daß sie sich gegenseitig verdrängen.

Tiere: Da Fische sich in einem gut gepflegten Teich vermehren, gilt auch hier: Maß halten. Beachten Sie auch die natürlichen Verhaltensweisen der Fische. Bitterlinge zum Beispiel benutzen als »Kinderstube« Teichmuscheln, die wiederum Sandboden brauchen. Stichlinge sind arge Räuber, die alles fressen, was sich bewegt; also nicht mehr als zwei Pärchen einsetzen. Unter den Goldfischen gibt es viele Zuchtformen, die sich jedoch nicht alle problemlos im Zierteich halten lassen (→ Der Goldfischteich, unten); auf die dekorativen Schleierschwänze sollte man beispielsweise verzichten. Das Moderlieschen fühlt sich bloß im Schwarm von mindestens 5 bis 9 Tieren wohl. Mehr über Fische erfahren Sie auf den Seiten 122 bis 125.

Randgestaltung: Erlaubt ist, was gefällt. Sie können Ihrer Phantasie freien Lauf lassen. Unbehandeltes Holz und kalkfreie Steine (Kiesel, Schiefer) lassen sich auf unterschiedlichste Weise für die Teichrandgestaltung verarbeiten. Ausführliche Informationen über Materialien und Gestaltungsmöglichkeiten finden Sie auf den Seiten 76 bis 93. Viele Anregungen bieten auch die Fotos, dazu ein Beispiel: Falls der Teich nicht direkt an der Terrasse liegt, kann ein gepflasterter Platz mit Gartenmöbeln (→ Foto, Seite 24/25) der Treffpunkt für gemütliche Stunden sein.

Pflege: Eine gute Filterung des Teichwassers ist unerläßlich, da vor allem Futterreste und die Ausscheidungen der Fische die Wasserqualität rapide verschlechtern können. Gefiltert wird mit einem speziellen Teichfilter oder am besten mit Hilfe eines Bachlaufs, der – richtig angelegt – wie ein biologischer Filter wirkt (→ Seite 67). Auch für eine gute Sauerstoffzufuhr mit Hilfe einer Luftpumpe oder eines Oxydators muß gesorgt werden.

Im Herbst sind gründliche Reinigungsarbeiten und Pflanzenpflege fällig, um den Teich aufs Überwintern vorzubereiten. Im Winter sollten kleinere Teiche mit einem Eisfreihalter versehen oder abgedeckt werden (→ PRAXIS-Seiten 136 und 137).

Der Bitterling sorgt für Sauberkeit im Teich. Er frißt gern Insektenlarven, darunter auch die ungeliebten Steckmückenlarven, und macht sich über die Blaualgen her.

Der Goldfischteich

Dieser Teich ist speziell auf die Lebensbedürfnisse von Goldfischen abgestimmt. Das bedeutet vor allem, daß Sie für sauberes und sauerstoffreiches Wasser sorgen müssen. Wenn Sie schöne und leicht zu pflegende Fische möchten, sind Sie mit Goldfischen richtig beraten. Diese vor über 1000 Jahren erstmals in China gezüchteten Fische sind heute die beliebtesten Gartenteichfische. Wer Goldfische mit ihren faszinierenden Zuchtformen mag, wird mit einem für sie angelegten Gartenteich viele Jahre lang Freude haben, denn diese Fische können immerhin mehr als 20 Jahre alt werden und sorgen zudem im Teich für reichlich Nachwuchs.

Das sollten Sie wissen: Goldfische sind genügsame Pfleglinge; die Hauptsache ist für sie – wie gesagt – sauberes Wasser, das genügend Sauerstoff enthält.

- Es genügt schon eine Teichgröße von 3 bis 4 m^2, wenn der Teich mit einer guten Filteranlage und einer Luftpumpe ausgerüstet ist und Sie den Erstbesatz dieser fortpflanzungsfreudigen Fische nicht allzu üppig bemessen – für den Anfang reichen 3 bis 6 Fische.

»Kinderstube« Teichmuschel. Der Bitterling braucht sie, um darin seine Eier abzulegen. Die Jungen verlassen die Muscheln erst, wenn sie 6 bis 8 mm groß sind.

- Zur Überwinterung brauchen Goldfische eine Tiefwasserzone von etwa 1 m^2 und 70 cm Tiefe. In rauhen Gegenden ist eine Tiefe von 80 bis 90 cm zu empfehlen. Bei geringerer Teichtiefe müssen die Fische im Aquarium überwintern.

Standort: Möglichst nah beim Haus, denn zum einen wollen Sie Ihre Goldfische ja häufig beobachten, zum anderen müssen sie gefüttert werden – und wer läuft schon gern bei Regenwetter quer durch den nassen Garten. Die Sonne sollte täglich 4 bis 6 Stunden auf den Teich scheinen. Andernfalls für Beschattung sorgen, zum Beispiel den Rand mit Sträuchern oder hoch wachsenden Stauden bepflanzen. Auch Seerosen sorgen für genügend Schatten unter Wasser. Goldfische lieben zwar sonnendurchflutetes Flachwasser, suchen zwischendurch aber ebenso gern schattige Plätze auf.

Abdichtungsmaterialien: Teichfolie, Kunststoff-Fertigbecken.

Pflanzen: Einen Goldfischteich können Sie ebenso bepflanzen wie den auf Seite 22 beschriebenen Zierteich. Allerdings empfiehlt es sich, die Pflanzen im Teich in Gitterkörbe (gefüllt mit einem Sand-Lehm-Gemisch) zu setzen und den Boden nur mit einer Sandschicht zu bedecken. Goldfische gründeln nämlich, so daß bei lehmhaltigem Bodengrund, wie ihn die meisten Pflanzen benötigen, das Wasser bald trüb wäre und Sie von Ihren Prachtfischen nur noch wenig zu sehen bekämen.

Tiere: Der bewährteste und robusteste Teichfisch ist der Gewöhnliche Goldfisch (*Carassius auratus*), den es in den Farben Rotgold (der bekanntesten), Messing, Bronze, Weißgold und Schwarzgold gibt. Die Jungfische kommen schwarzgrau auf die Welt und färben sich abhängig von der Wassertemperatur nach 3 Monaten, oft aber auch erst im 2. Lebensjahr völlig aus.

Von den zahlreichen Zuchtformen, die sich in Färbung, Körper- und Flossenform oft sehr auffällig voneinander unterscheiden, eignen sich nicht alle für die ständige Haltung im Gartenteich. Neben dem Gewöhnlichen Goldfisch sind zu empfehlen:

- Japanischer Goldfisch oder Wakin, in den Farben Rot, Rot und Weiß gefleckt oder Reinweiß, er besitzt geringfügig verlängerte Schwanzflossen;
- Rotgefleckter Kaliko oder Shubunkin, Grundfarbe Weiß, gelegentlich Blau, mit roten, gelben, schwarzen und blauen Flecken, Schwanzflosse ist langgezogen schleierartig; gescheckte Shubunkins kommen übrigens fast ausgefärbt zur Welt;
- Kometenschweif, meist einheitlich rot, gelegentlich auch gelb, rot und weiß gefleckt oder schwarz; Schwanzflosse ist oft länger als der Körper.

Wichtig: Die beliebten Schleierschwänze – sie haben von oben betrachtet eine doppelte Schwanzflosse – sollten Sie nur im Sommer im Gartenteich halten, im Winter setzt man sie besser ins Aquarium. Zuchtformen mit langen Flossenschleppen oder gestauchten Körpern sind sehr langsame Schwimmer und können deshalb leicht von Katzen erbeutet werden. Häufig werden sie auch von Parasiten befallen oder leiden an Verdauungsbeschwerden. Ein Sommeraufenthalt in einem kleinen Teich mit einem Wasserstand von 40 bis 50 cm tut diesen Fischen jedoch gut. Nur müssen Sie dann den Teichrand so gestalten, daß Katzen nicht an die Fische herankommen, zum Beispiel mit rechteckigen Steinplatten, die über den Teichrand ragen (→ PRAXIS-Seiten 82 und 83).

Der Kometenschweif ist ein attraktiver Teichfisch und problemlos zu halten. Im Winter kann man ihn gut im Freien lassen.

Der Rotkappen-Oranda fühlt sich nur im Sommer in einem flachen (katzensicheren!) Teich wohl. Da die Wassertemperatur mindestens 18 °C haben muß, kommt er den Winter über ins Aquarium.

Ein Schwarm Goldfische, die Favoriten des Zierteichs. Seit vor rund 1000 Jahren aus der Silberkarausche der erste gewöhnliche Goldfisch in China gezüchtet wurde, hat er an Beliebtheit nichts eingebüßt.

Randgestaltung: Sie bleibt Ihrem Geschmack überlassen, Beispiele finden Sie auf den Seiten 76 bis 93. Wichtig ist, daß Sie zum Füttern und Teichpflegen bequem an den Teich herankommen, also etwa die Hälfte des Teichrandes begehbar anlegen. Auch ein kleiner Wasserfall, ein Quellstein oder andere zierliche Wasserspiele sehen hübsch aus und helfen zudem bei der Sauerstoffzufuhr.

Pflege: Um Sauerstoffmangel und ein Verschmutzen des Wassers zu vermeiden, kommen Sie bei kleineren Teichen (bis 10 m^2) ohne technische Hilfsmittel nicht aus. Nötig sind ein guter Filter, eine Luftpumpe oder ein Oxydator, der über Wochen hinweg Sauerstoff freigibt (→ Seite 58). Diese Geräte müssen gewartet und alle paar Tage überprüft werden, ob sie einwandfrei funktionieren. Als biologischer Filter sehr zu empfehlen ist ein Bachlauf (→ Seite 67).

Besonderheit: Das Füttern der Goldfische ist eine der Lieblingsbeschäftigungen von Erwachsenen und Kindern. Es macht einfach Spaß zu beobachten, wie rasch sich die Fische an der gewohnten Fütterungsstelle versammeln, sobald dort ein Mensch auftaucht. Lassen Sie sich aber von den scheinbar »hungrigen Mäulern« nicht jedesmal erweichen, füttern Sie Ihre Goldfische sparsam, am besten zweimal täglich mit speziellem Goldfischfutter, und immer nur so viel, wie sie in kurzer Zeit fressen. Futterreste beeinträchtigen nämlich die Wasserqualität, und es wird schwierig, das Wasser sauberzuhalten.

Der Koiteich

Farbenpracht im Wasser.
Oben links: Shubunkin, Calico-Goldfisch.
Oben rechts: Gewöhnlicher Goldfisch, messingfarben und rot.
Unten: Kois.
Alle Fische brauchen sauberes Teichwasser, damit sie sich wohl fühlen und ihre Farben und Formen so recht zum Ausdruck kommen.

Kois oder Japanische Zierkarpfen sind Fische, die mit ihren strahlenden Farben ganz besonders schön im Gartenteich aussehen. Klares Wasser ist also fast ein Muß, sonst kommt die Schönheit dieser exotischen Fische nicht so zum Ausdruck. Schon nach kurzer Eingewöhnungszeit werden Kois so zahm, daß sie sich anfassen lassen und das Futter mit Vorliebe aus der Hand nehmen. Man sagt diesen farbenprächtigen Fischen sogar unterschiedliche Wesenszüge nach, die denen anderer Haustiere gar nicht so unähnlich sind. Immer wieder hört man Koi-Besitzer davon schwärmen, wie verschmust, schüchtern, temperamentvoll oder bedächtig der eine oder andere ihrer Kois ist. Tatsache ist, daß sie die Menschen am Schritt erkennen und auf alle möglichen Arten versuchen, Kontakt mit ihnen aufzunehmen: sei es, daß sie den Kopf aus dem Wasser strecken und laut schmatzend um Futter betteln oder wahre Luftsprünge vollführen.
Das sollten Sie wissen: Sowohl die Anschaffung der Fische als auch die artgerechte Anlage des Teichs ist eine nicht ganz billige Angelegenheit. Kois sind noch keine Allerweltsfische, so daß der Anschaffungspreis je nach Güte beträchtlich sein kann. Überdies werden sie bis zu 60 cm groß und brauchen Platz. 2 bis 3 Kois lassen sich zwar gut in einem Goldfischteich oder Zierteich mit anderen Fischen halten, wer jedoch einen Koischwarm halten möchte, sollte diesen kostbaren Tieren einen eigenen artgerechten Lebensraum schaffen.

- Der Teich sollte nicht kleiner als 10 m^2 sein, noch besser 15 m^2. Für den Tiefwasserbereich von etwa 1 m^2 ist 1,50 bis 1,80 m Tiefe zu empfehlen, wenn die Kois im Teich überwintern sollen.
- Für Kois ist eine Sumpfzone nicht wichtig, man sollte sie sogar mit Steinen vom Teich abgrenzen oder so gestalten, daß die Fische sie nicht durchschwimmen können. Anlegen sollten Sie eine Sumpfzone aber in jedem Fall, denn Wasser zieht alle möglichen Teichgäste an, die nur dort Unterschlupf und Nahrung finden.
- Kois brauchen sauberes und sauerstoffreiches Wasser. Da sie gehaltvolles, eiweißreiches Futter in reichlichen Mengen vertilgen, produzieren sie auch entsprechend viel Abfallstoffe, die den Teich belasten, weil sie auf natürlichem Wege nicht abgebaut werden können. Deshalb ist ein guter Filter mit einem möglichst großen Filtervolumen und einer starken Pumpe mit einer Leistung von etwa 2000 l pro

Stunde nötig. Als Filtermaterial ist grobe Biofiltermasse (keine Watte!) zu empfehlen. Unabdingbar ist außerdem eine Luftpumpe (Membranpumpe) mit Ausströmerstein (→ Seite 58). Die Luftpumpe sollte das ganze Jahr über rund um die Uhr laufen. Ratsam ist, zusätzlich einen Oxydator aufzustellen, der auch bei Stromausfall den Teich weiter mit Sauerstoff versorgt.

Standort: Möglichst nah beim Haus, im Halbschatten (5 bis 6 Stunden Sonne am Tag). Keine volle Sonne, sie fördert den Algenwuchs, wodurch es schwieriger wird, das Wasser sauberzuhalten.

Abdichtungsmaterialien: Teichfolie, ausreichend tiefes Kunststoff-Fertigbecken, Betonbecken (vom Fachmann angelegt).

Pflanzen: Am besten eignen sich alle Arten von Seerosen, die Sie aber unbedingt in Körbe pflanzen sollten (→ PRAXIS-Seite 105). Mit ihren großen Blättern beschatten sie die Wasserzonen darunter, zudem nehmen sie mit der Blattunterseite enorme Mengen Nährstoffe und Kohlendioxid aus dem Wasser. Im näheren Bereich der Seerosen werden Sie daher kaum mit Algen zu kämpfen haben.

Dazu passen Seekanne (*Nymphoides peltata*), Krebsschere (*Stratiotes aloides*) und vor allem Rohrkolben (*Typha latifolia*), da er Unmengen von Abfallstoffen verarbeitet.

Unterwasserpflanzen wie die Wasserpest (*Elodea canadensis*) oder Laichkräuter (*Potamogeton*) tun noch mehr als die Seerosen für den Abbau von Abfallstoffen. Man pflanzt sie in Gitterkörbe, mit grobem Kies abgedeckt, damit sie von den Kois nicht allzu schnell ausgebuddelt werden.

Tiere: Kois bekommen Sie im Zoofachhandel oder bei Spezialhändlern. Ihr Preis hängt von der Qualität der Züchtung und besonders von der von oben sichtbaren Zeichnung der Farbflecken ab, die möglichst gleichmäßig sein soll. Kois werden in unzähligen Variationen hinsichtlich Farbe und Zeichnung gezüchtet. So gibt es neben einfarbigen gelben, orangefarbenen, silbernen und goldenen zum Beispiel rotweiß-schwarze, weiß-rote oder blau-silberne mit rotem Strich.

Als Erstbesatz eines 10-m^2-Teichs reichen 8 bis 10 Jungtiere, da die Fische recht schnell wachsen. Ein einjähriger Koi ist etwa 10 bis 12 cm groß, während er mit drei Jahren schon eine Größe von 35 cm erreicht.

Randgestaltung: Das Teichufer muß gegen Katzen gesichert sein, da diese sich die zutraulichen Tiere sonst als leichte Beute fangen. Flachwasserzonen sollte man mit Steinen so abgrenzen, daß Katzen nasse Füße bekommen, wenn sie »angeln« gehen wollen.

Bis auf die Sumpfzone wird man den Koiteich begehbar gestalten. Zu empfehlen sind Steinplatten, die etwa 20 cm in den Teich hineinragen (katzensicher, → PRAXIS-Seiten 82 und 83).

Pflege: Den Sommer über beschränkt sich die Pflege aufs Fischefüttern und gelegentliche Auslichten stark wuchernder Pflanzen. Sinnvoll ist eine regelmäßige Wasserkontrolle (→ Seite 128) und vor allem bei kleineren Teichen ein monatlicher Wasserwechsel (30 % des Wassers austauschen).

Das übliche Goldfisch- oder Teichfutter reicht für Kois nicht aus. Im Handel ist spezielles Koifutter erhältlich. Als besonderer Leckerbissen kann zum Beispiel Rinderherz (ohne Flechsen), getränkt mit einem Vitaminkonzentrat, gereicht werden.

Im Sommer füttert man Kois am besten mehrmals am Tag, dabei immer nur so viel Futter reichen, wie sie sofort fressen. Im Herbst bei einer Wassertemperatur von etwa 12 °C Fütterung einstellen.

Zum Bild:
Die Lotusblume (Nelumbo lutea), eine exotische Schönheit. Sie stammt aus Ceylon und gedeiht nur in beheizten Becken im Wintergarten oder Gewächshaus. Bei zu kühler Haltung kümmert sie, und bei Frost würde sie, wie alle Exoten, eingehen.

Den Swimming-pool in einen Gartenteich verwandeln

Einst der Stolz der ganzen Familie, modert heute so mancher aus Beton gegossene Swimming-pool vor sich hin. Die aufwendigen Pflegearbeiten, wie im Herbst das Wasser abzulassen und den Pool zu schrubben, und nicht zuletzt die Erkenntnis, daß die Chemikalien, die zur Reinhaltung des Schwimmbadwassers unumgänglich sind, weder der eigenen Haut noch der Umwelt gut bekommen, tragen dazu bei, das türkisfarbene Gebilde zu vernachlässigen – was es sicher nicht schöner macht. So mag sich immer öfter der Wunsch nach einem Gartenteich mit schönen Pflanzen aufdrängen.

Liegt es da nicht nahe, Gartenteich und Badeteich miteinander zu verbinden? Tatsächlich läßt sich diese Idee mit ein wenig Arbeitsaufwand und nicht sehr hohen Kosten verwirklichen.

Das sollten Sie wissen: Es gibt zwei einfache Methoden, den Swimming-pool in einen Gartenteich zu verwandeln.

1. Wenn das Becken noch völlig intakt und nicht durch Risse oder abblätternde Farbe beschädigt ist, können Sie es mit wasserfester grauschwarzer oder erdig brauner Farbe streichen. Dadurch entsteht der Eindruck eines natürlich wirkenden Teichbodens.

Anschließend schaffen Sie den Flachwasserbereich, indem Sie das Becken mit Hilfe einer lose aufgeschichteten Mauer teilen (→ Zeichnung, PRAXIS-Seite 46).

2. Hat der Beton Risse, blättert die Farbe ab oder fallen in einem gekachelten Schwimmbecken schon die Fliesen heraus, kleiden Sie so einen renovierungsbedürftigen Pool am besten mit Teichfolie aus. Bei rauhen Betonwänden empfiehlt es sich, ein Folienschutzvlies unterzulegen (im Zoofachhandel oder Gartencenter erhältlich). Die Folie am inneren Beckenrand mit Hilfe von PVC-beschichteten Metallschienen, Dübeln und Schrauben befestigen. Nach diesen Vorbereitungen wird wie bei der ersten Möglichkeit weiterverfahren. Verdecken Sie die Folie am Rand mit länglichen, bepflanzten Gitterkörben, die zum Beispiel mit Balkonkastenhalterungen ringsherum im Becken eingehängt werden können.

Besonderheit: Pflanzen und der gelegentliche Einsatz eines Teichfilters halten das Wasser so sauber, daß Sie getrost darin schwimmen können. Die bisher verwendeten chemischen Zusätze sind überflüssig und außerdem schädlich für die Pflanzen. Klinisch rein ist das Wasser natürlich nicht, denn die Tierwelt wird es sich nicht nehmen lassen, den Teich zu besiedeln. Kleinstlebewesen, kleine Wassertiere wie Wasserläufer oder Wasserflöhe gehören zum Teichleben und helfen außerdem mit, das Wasser sauberzuhalten, da sie abgestorbene Pflanzenreste, Algen und dergleichen »verarbeiten«. Wer es gewohnt ist, in der Natur in einen Weiher oder in eine Kiesgrube zu hüpfen, wird sich in seinem umgewandelten Pool pudelwohl fühlen.

Pflanzen: Im Flachwasserbereich können Sie aus dem Sortiment der Sumpf- und Wasserpflanzen aus dem vollen schöpfen. Wem es nichts ausmacht, zwischen Pflanzen zu schwimmen, der kann auch den Badebereich üppig bepflanzen (Pflanzkörbe auf Sockel aus Gitterziegel stellen). Wenige Pflanzen tun es aber auch.

Tiere: Falls Sie den umgewandelten Pool nur hin und wieder zum Baden benutzen wollen, ist er natürlich ein idealer Tummelplatz für Goldfische oder Kois. Die Fische stört es nicht, wenn sie das Wasser ab und zu einmal mit Menschen teilen müssen. Und das für sie notwendige saubere, sauerstoffreiche Wasser besorgt ein gut funktionierender Teichfilter. Meist ist der Pool auch tief genug, daß die Fische dort überwintern können.

Randgestaltung: Fast immer ist das Becken von Rasen umgeben. Wenn Ihnen das gefällt, kann es natürlich so bleiben. Wer den Rand etwas naturnaher gestalten möchte, kann daneben ein Sumpfbeet anlegen (→ Seite 38), Gartenblumen, Gräser oder Farne pflanzen, kurzum: Alles was Vegetation an den Teich bringt, ist möglich.

Pflege: Wie bei jedem anderen Gartenteich, also Pflanzen auslichten, in langen Trockenperioden Wasser nachfüllen, ein- oder zweimal während des Sommers etwa 30 % des Wassers wechseln.

Die Katze läßt das »Fischen« nicht, könnte man in abgewandelter Form sagen. Vor allem Goldfische, die in ihren Zuchtformen oft nur sehr langsam schwimmen, und Kois, die zutraulich und handzahm werden, sind für eine geschickt mit der Pfote angelnde Katze leichte Beute.

Urlaub zu Hause. Auf dem Holzsteg, der den Schwimmbereich des Gartenteichs begrenzt, läßt es sich im Liegestuhl unterm Sonnenschirm gut aushalten. Ansprechend für das Auge ist die dekorative Bepflanzung mit Hechtkraut.

Gartenteich mit Badespaß

Wer einen Gartenteich besitzen möchte, in dem er auch schwimmen kann, der wird sich sicher mit der nachfolgend beschriebenen Idee anfreunden. Bei kleinen Teichen bis etwa 8 m² Wasserfläche sollte man es allerdings beim »Füße-ins-Wasser-Baumeln« belassen. Mit der Schwimmerei würden Sie das Leben in so einem Teich erheblich stören und so manchen liebgewonnenen Teichgast vertreiben. Ein größerer Teich läßt sich so umrüsten, daß man darin baden kann, ohne die Tier- und Pflanzenwelt zu beeinträchtigen.

Wenn der Badeteich neu angelegt wird, sollten Sie ihn zur Hausseite hin mit einem Steilufer versehen und flach auslaufend in den Garten übergehen lassen. Die ideale Tiefe für den Badebereich bewegt sich zwischen 80 und 150 cm.

Das sollten Sie wissen: Badespaß im Gartenteich ist nur möglich, wenn Sie Badebereich und den sogenannten Biotop-Bereich, den Lebensraum für Pflanzen und Tiere, voneinander trennen.

- Eine hermetische Abriegelung der beiden Bereiche ist natürlich nicht nötig und auch nicht sinnvoll, da das Badewasser vom Selbstreinigungseffekt durch Pflanzen und Kleinstlebewesen profitieren soll. Es reicht, wenn Sie Biotop- und Badebereich mit Hilfe einer lose geschichteten Steinmauer oder L-Steinen trennen, die etwa 20 cm unter dem Wasserspiegel enden. Nicht höher anlegen, wegen des notwendigen Wasseraustauschs zwischen beiden Bereichen.

- Die Einteilung der Bereiche ist auf zweierlei Arten möglich:

1. Wenn Ihr Teich ringsum flach auslaufende Ufer hat, können Sie die Abgrenzung ringförmig anlegen, gebadet wird dann in der »Mitte« des Teichs. So kann das gesamte Ufer ringsum als Biotop-Bereich dienen. Ein Holzsteg führt dann über die Uferbepflanzung hinweg zum Badebereich.
2. Sie können den Teich auch querteilen, dann liegt auf der einen Seite der Abgrenzung das Biotop, auf der anderen der Badebereich, wobei ein Drittel fürs Biotop, zwei Drittel fürs Baden vorgesehen sind. Der Zugang ist dann das unbepflanzte Ufer beziehungsweise ein quer über den Teich führender Holzsteg (→ Foto, links).

- Weitere Trennungsmöglichkeiten, die etwas aufwendiger sind:

1. Der Badeteich besteht aus einem großen Fertigbecken, um das ringsherum mit Hilfe von Teichfolie ein breites, flach auslaufendes Ufer angelegt und üppig mit Flachwasser- und Sumpfpflanzen besetzt wird.
2. Das Fertigbecken als Badebereich wird in einen bereits angelegten Teich eingebaut, was aber ziemlich aufwendig sein kann.

Standort: Überall im Garten; 5 bis 6 Stunden Sonne am Tag sind nötig, damit die Pflanzen gedeihen. Bei schattiger Lage Bepflanzung nur mit Schattenpflanzen (→ Teich im Schatten, Seite 43).
Abdichtungsmaterialien: Teichfolie mit rutschfester Oberfläche, Lehm, Fertigbecken, kombiniert mit Teichfolie.
Pflanzen: Im Biotop-Bereich finden Schilf, Binsen, Wollgras, Blutweiderich, Fieberklee, Sumpf-Dotterblume und viele andere Flachwasser- und Sumpfpflanzen ihren Platz. Im Badebereich können Sie sparsam einige Seerosen und Rohrkolben ansiedeln.
Hinweis: Manche Schilfarten sind messerscharf, diese Arten nicht verwenden, sich beim Fachhändler beraten lassen. Schilf nicht aus der Natur nehmen!
Tiere: Käfer, Libellen und andere Insekten werden sich im Biotop-Bereich ansiedeln, manchmal auch einige Amphibien. Je größer dieser Bereich ist, desto mehr Tiere sind zu erwarten. Sie dürfen jedoch Ihre Erwartungen nicht zu hoch schrauben, denn durchs Baden und Planschen kommt trotz der Trennung unweigerlich Unruhe in den Teich. Wenn der Teich nicht sehr groß ist, sollten Sie auf Fische besser verzichten. In einem 40-m^2-Teich können die Fische den menschlichen Badegästen aus dem Weg schwimmen, in kleineren stören diese den Lebensrhythmus der Tiere.
Randgestaltung: Holz und Natursteine, ein gepflasterter Sitzplatz neben dem Badeteil, ein kleiner Wasserfall, Quellstein oder eine kleine Fontäne, blühende Stauden, verschiedene Gräser als Randbepflanzung. Zugang zum Badebereich: Badesteg aus Holz. Wer vom flachen Ufer aus ins Wasser gehen will, sollte dies nicht bepflanzen, sondern mit Sand auffüllen, dann aber in etwa 50 cm Tiefe katzenkopfgroße Kiesel an der Folie festkleben, um zu verhindern, daß der Sand abrutscht und im Teich verschwindet.
Pflege: Ein guter Teichfilter ist ebenso sinnvoll wie regelmäßiger Wasserwechsel (im Sommer alle 6 Wochen 30 % des Teichwassers wechseln). Während des Badens den Filter abstellen. Luftpumpe (→ Seite 58) durchlaufen lassen. Im Herbst gründliche Teichpflege (→ Seite 130).

Die Sumpf-Schwertlilie (Iris pseudacorus), eine bei uns heimische Pflanze, steht unter Naturschutz. Im Handel findet man zahlreiche Zuchtformen in den Farben goldgelb, hellgelb und cremegelb.

Terrassenteich

Ein Teich auf der Terrasse – näher beim Haus geht's nicht. Und weil Sie ihn dann immer vor Augen haben, können Sie auch eventuelle Wünsche nach »Wasserspielereien« verwirklichen. Davon gibt es eine reiche Auswahl, angefangen vom Quellstein bis hin zu den Wasserspeiern in allen möglichen Formen (Drachen, Fische, Putten und so weiter), einem Mühlrad, das sich dreht und Wasser transportiert, einem japanischen Wasserspiel, dem Shishi-odoshi, Springbrunnen, Wasserfall als Frischwasserzulauf und vieles mehr. Auch beim Beleuchten können Sie Ihre Phantasie walten lassen, von der Unterwasserbeleuchtung über Lampenvariationen am Teichrand bis hin zu schwimmenden Leuchtkugeln.

Das sollten Sie wissen: Aus der Terrassentür treten und am Teich stehen, ist eine schöne Sache. Denken Sie aber daran, daß so ein Teich eine große Gefahrenquelle nicht nur für Kinder ist, sondern auch für jeden Besucher, der nicht weiß, daß sich an so ungewohnter Stelle Wasser befindet. In jedem Fall ist eine Teichbeleuchtung wichtig, zumindest eine Notbeleuchtung sollte die ganze Nacht über brennen. Sind kleine Kinder im Haus, müssen Sie das auf Seite 59 beschriebene Schutzgitter im Teich anbringen, ein Zaun kommt aus ästhetischen Gründen kaum in Frage. Nicht allzu häßlich sieht dagegen ein schmiedeeisernes Gitter aus, das mit Pflanzen berankt werden kann.

Bei einem Teich auf der Terrasse muß unbedingt für eine Sicherung gesorgt werden. Sind kleine Kinder im Haus, bietet ein unter der Wasseroberfläche angebrachtes Gitter Schutz. Auf jeden Fall ist eine Teichbeleuchtung notwendig, die auch die ganze Nacht über brennt.

- Die Teichgröße richtet sich nach der Terrassengröße, Tiefe bis 80 cm.
- Das eventuell notwendige Schneiden der Terrassenplatten sollten Sie unbedingt einem Fachmann überlassen, der Umgang mit dem Schneidegerät ist nur mit Schutzkleidung möglich (Funkenflug).

Abdichtungsmaterialien: Kunststoff-Fertigbecken, weil es am einfachsten einzubauen ist. Bevor Sie vorhandene Terrassenplatten entfernen, sollten Sie die Form des Teichs an Ort und Stelle einzeichnen. Viele Fertigbecken-Hersteller liefern für diesen Zweck eine Teichformschablone. Fehlt die Schablone, das Becken mit der Öffnung nach oben auf die Platten stellen und mit Hilfe einer senkrecht gestellten Latte (Wasserwaage daran halten) und Kreide die Umrisse markieren. Danach Platten entfernen und Grube ausheben (→ Fertigteich anlegen, PRAXIS-Seite 63), Becken einlassen. Man kann die Platten rundherum dann wieder paßgenau einsetzen; wer sie an den Rundungen oder Ecken nicht zuschneiden lassen will, kann die freibleibenden, meist nicht sehr großen Flächen sehr hübsch mit Bambus oder Bodendeckern bepflanzen.

Pflanzen: Im Teich Sumpf- und Wasserpflanzen nach Wahl, um den Teich herum dazu passende Kübelpflanzen in allen Variationen.

Tiere: Goldfische, Kois oder einheimische Fische, dann aber unbedingt Teichfilter einsetzen. Zum Verlegen der Zuleitungen für Strom und Luftpumpe (Sauerstoffzufuhr) in PVC-Rohren (→ Seite 56) die Fugen zwischen den Platten so erweitern lassen, daß das Rohr hineinpaßt und an die Stromquelle geführt werden kann. Strom- und Plattenarbeiten nur vom Fachmann ausführen lassen!

Randgestaltung: Ergibt sich aus der Terrasse. Um den Teich herum können Sie besonders schöne Platten oder Steine verlegen, was dem Ganzen nochmal einen dekorativen Pfiff gibt.

Pflege: Wie bei jedem anderen Gartenteich mit gründlichem Herbstputz (→ Seite 130).

Spielteich für Kinder

Im Wasser planschen, Sandburgen bauen, Schiffchen fahren lassen – all das mögen Kinder. Mit einem Teich, der diese Wünsche verwirklicht, können Sie Ihren Kindern ein kleines Spielparadies schaffen.

Das sollten Sie wissen: Ein Spielteich darf nicht zu klein sein.

- Etwa 3 bis 4 m^2 sollte er schon haben, sonst wird er rasch langweilig.
- Die Wassertiefe bemessen Sie am besten nach dem Alter Ihrer Kinder. Für kleine Kinder reichen 20 bis 30 cm, aber auch für größere Kinder (bis etwa zum 7. Lebensjahr) sollte die Wassertiefe 40 cm nicht überschreiten, wegen der Gefahr des Ertrinkens.
- Kinder – nicht nur die im Krabbelalter – nie ohne Aufsicht lassen!
- Der Teich sollte an allen Stellen gleich tief sein. Auf Schrägen können Kinder leicht ausrutschen, sich den Kopf anschlagen und womöglich ertrinken.

Standort: Halbschatten oder mit Sonnenschirm oder Sonnensegel für Schatten sorgen, sonst bekommen die Kinder einen Sonnenbrand, wenn sie stundenlang im Wasser planschen.

Abdichtungsmaterialien: Kräftige Teichfolie (1,5 mm), rutschfest, Lehm, oder Kunststoff-Fertigbecken mit rutschfestem Boden. Wird Folie verwendet, als Uferbefestigung am besten Kanthölzer in zwei Lagen verlegen (→ Spielteich für Kinder, PRAXIS-Seite 47). Dabei entsteht gleichzeitig ein Platz zum Sitzen und eine ideale Unterlage zum Sandkuchenbacken.

Einheit der Form. Bei der Anlage dieses Terrassenteichs wurde auf eine strenge Fortführung der Linien geachtet. Hier finden die weinumrankten Fensterrechtecke im hell eingefaßten Viereck des Teichs und den geometrisch geschnittenen Buchsbäumchen ihre Entsprechung.

Spielmöglichkeiten: Wasser allein macht den Spielteich noch nicht interessant genug. Füllen Sie den Teich mit Sand, aber nur so hoch, daß sich noch etwa 10 cm Wasser darüber befinden. Geben Sie ein paar unterschiedlich große Kieselsteine hinein (faust- bis katzenkopfgroß), dazu ein paar Holzstücke, Eimerchen, Gießkanne und Schaufel. Diese Materialien genügen vollauf, um die Phantasie von Kindern anzuspornen. Sie werden sehen, daß sie außer Burgen bauen noch viel mehr können.
Pflanzen und Tiere: Keine.
Randgestaltung: Rasen oder niedrige, robuste Bepflanzung, die unvorsichtigen Kinderfüßen gewachsen ist.
Pflege: Regelmäßiger Wasserwechsel. Je nach Verschmutzungsgrad das Wasser ausschöpfen, neues am besten morgens einfüllen und die Kinder warten lassen, bis es sich erwärmt hat. Auch im Sommer kann man sich einen Schnupfen holen, wenn man stundenlang im kalten Wasser hockt. Im Winter Teich vollkommen leeren und gründlich säubern. Im Frühjahr neuen, sauberen Sand einfüllen. Keine wasserreinigenden Chemikalien verwenden!
Besonderheit: Der Spielteich kann, wenn er ausgedient hat, ohne Probleme in ein Sumpfbeet verwandelt werden. Sie können darin auch eine kleine Fontäne oder einen Quellstein mit Kiesbett aufstellen (→ Zeichnung, PRAXIS-Seite 47).

Das Sumpfbeet

Die Sumpf-Dotterblume (Caltha palustris) bildet dicke, sattgelbe Kissen und blüht von April bis Juni.

Wer sich vor allem an der Pracht der Wasserpflanzen erfreuen will, der kommt mit einem Sumpfbeet voll auf seine Kosten. Pflanzen, die ganzjährig einen feuchten Fuß vertragen, gibt es in Hülle und Fülle, in den bezauberndsten Farben und Formen. Wer einen Teich anlegt, sollte auf den Sumpfbereich nicht verzichten, da er neben Pflanzenpracht auch noch Lebensraum für viele Tiere bietet. Indessen kann man auch ohne Teich in den Genuß eines Sumpfbeets kommen. Selbst im kleinsten Garten ist dafür Platz genug.
Das sollten Sie wissen: Da das separate Sumpfbeet nicht vom Teichwasser gespeist wird, müssen Sie regelmäßig kontrollieren, ob Wasserstand beziehungsweise Bodenfeuchte noch ausreichen, bei Bedarf mit dem Gartenschlauch nachwässern.

- Die Größe des Sumpfbeets richtet sich ausschließlich nach dem vorhandenen Platz. Wichtig ist nur, daß es durchgehend eine Tiefe von etwa 25 cm hat, sonst trocknet es an heißen Tagen zu schnell aus.
- Das Sumpfbeet entweder mit Teicherde füllen (Nachteil: Bodenfeuchte ist schwierig zu kontrollieren) oder die Pflanzen einfach in Körben hineinstellen.

Standort: Vollsonniger Platz, da dort die meisten der Sumpfpflanzen gut gedeihen; auch Halbschatten.
Abdichtungsmaterialien: Alle flachen größeren Behältnisse, die Wasser halten – sei es der ehemalige Spielteich, das ausgediente Plastik-Planschbecken der Kinder oder ein Fertigbecken aus Kunststoff. Preiswert und praktisch ist Teichfolie. Die Folie muß mindestens 1 mm dick sein, da es einzelne Sumpfpflanzen (Schilf) gibt, die sie mit ihren kräftigen Wurzeln durchstoßen können. Folie am Rand über Steine oder Kanthölzer ziehen und so verlegen, daß das Folienende nach oben zeigt. Unbedingt darauf achten, daß der Folienrand über dem späteren

Wasserspiegel (oder der Oberfläche der Teicherde) liegt, sonst entzieht der umgebende trockene Gartenboden dem Sumpfbeet die Feuchtigkeit.

Pflanzen: Je kleiner das Sumpfbeet, desto weniger stark wuchernde Pflanzen hineinsetzen. Gut geeignet für ein kleines Sumpfbeet (weniger als 2 m^2) sind zum Beispiel Sumpf-Dotterblume (*Caltha palustris*), Sumpf-Vergißmeinnicht (*Myosotis palustris*), Sibirische Schwertlilie (*Iris sibirica*), Sumpfkalla (*Calla palustris*), Wollgras (*Eriophorum angustifolium*), Goldkeule (*Orontium aquaticum*), natürlich der Kleine Rohrkolben (*Typha minima*), Igelkolben (*Sparganium erectum*) und Blutweiderich (*Lythrum salicaria*).

Sumpfpflanzen haben unterschiedliche Ansprüche an den Bodengrund. Die einen mögen kalkhaltigen Boden, die anderen kalkarmen (torfhaltigen). Dieses Problem lösen Sie, indem Sie die Pflanzen in Gitterkörbe mit dem entsprechenden Boden setzen.

Tiere: Ein Sumpfbeet ist Anziehungspunkt für viel Getier. Welche Insekten, Amphibien und dergleichen sich ansiedeln, hängt von der übrigen Gestaltung des Gartens und von der weiteren Umgebung ab.

Randgestaltung: Harmonisch zur Bepflanzung fügen sich immer unbehandeltes Holz, Wurzeln und Natursteine.

Pflege: Regelmäßige Feuchtigkeitskontrolle, wenn nötig, Wasserzufuhr mit dem Gartenschlauch; das Sumpfbeet darf nie völlig austrocknen. Stark wuchernde Pflanzen gelegentlich auslichten. Im Oktober alle hoch wachsenden Sumpfpflanzen zu 9/10 kürzen. Die abgeschnittenen Pflanzen auf dem Sumpfbeet als Schutz gegen Frost liegenlassen und erst im März auf den Kompost werfen.

Blühende Pracht. Im Sumpfbeet gedeihen Wasserpflanzen besonders gut. Vor allem das Pfennigkraut mit seinen pfenniggroßen Blättern und zartgelben Blüten bildet zusammen mit Natursteinplatten eine ansprechende Randeinfassung.

Die Teichrose (Nupnar lutea), auch Mummel oder Nixenblume genannt, fühlt sich auch in schattigen Teichen wohl.

Ententeich

Bei einem Ententeich sind allein die Enten sozusagen das charakteristische Merkmal. Mit schönen Pflanzen ist hier nicht viel zu wollen, da sie von den Tieren schnell zerrupft werden und diese zudem ihren Schmutz hinterlassen. Die Bepflanzung muß also robust sein.

Das sollten Sie wissen: Der Teich muß wenigstens einem Zwergentenpärchen genügend Platz bieten.

- Teichgröße mindestens 12 m^2.
- Als Bodengrund etwa 5 cm Sand aufschütten.
- Nötig ist eine Insel im Teich. Durchmesser etwa 1 m. Sie läßt sich leicht mit Hilfe eines U-Steins (im Baustoffhandel erhältlich) und einer flachen Kunststoffwanne, die die Hersteller von Fertigteichen im Programm haben, installieren (→ Zeichnung, PRAXIS-Seite 46).
- Auf die Insel noch ein kleines Entenhaus aus Holz stellen.

Abdichtungsmaterialien: Teichfolie, Lehm, Betonbecken (vom Fachmann anlegen lassen).

Pflanzen: Neben der Insel in Gitterkörben Rohrkolben (*Typha latifolia*) pflanzen, dazu Teichrosen (*Nuphar lutea*). Im Flachwasserbereich Sumpf-Schwertlilien (*Iris pseudacorus*) und Schilf (*Phragmites australis*). Weitere Bepflanzung besser nicht, da die Enten in kurzer Zeit alles kahlfressen. Rasen bis an die Wasserfläche wachsen lassen. Wer seinen Enten etwas Gutes tun will, pflanzt am Teichrand oder in Teichnähe Brennesseln an, sie sind ein vitaminreicher Leckerbissen.

Tiere: Keine, da sie nicht lange überleben würden.

Pflege: Um das Wasser einigermaßen sauberzuhalten, sollte man es einmal im Monat zur Hälfte austauschen. Im Winter Luftpumpe zur Sauerstoffzufuhr ununterbrochen laufen lassen, damit der Teich nicht völlig zufriert. Im Frühjahr Teich leerpumpen und gründlich von Mulm reinigen.

Hinweis: Wer Genaueres über Entenhaltung wissen möchte, kann sich in der Fachliteratur informieren.

Weitere Teichideen für besondere Fälle

So mancher Garten scheint auf den ersten Blick nicht die besten Voraussetzungen für die Anlage eines Gartenteichs zu bieten. Bevor Sie jedoch die Flinte ins Korn werfen, sollten Sie erst einmal prüfen, ob sich unter den nachfolgenden »Spezialfällen« nicht auch eine Lösung für Ihr Teichproblem findet.

Der Teich am Hang

Beim Teich in Hanglage ist es am wichtigsten, daß das Erdreich nicht ins Rutschen kommt. Eine sicher haftende Befestigung an der Hangseite ist mit Hilfe von sogenannten L-Steinen (aus dem Baustoffhandel) möglich. Dafür den Hang etwa 70 cm tief abgraben und L-Steine dicht an dicht einsetzen. Die Folie später am besten mit Silikonkleber an die L-Steine kleben und mit Gitterziegeln oder Steinen beschweren. Die Talseite findet sicheren Halt, wenn Sie Rundhölzer in ein Fundament aus Fertigbeton versenken. Zum Befestigen die Folie um eine Holzleiste wickeln und an Rundholz nageln (ausführliche Arbeitsanleitung → PRAXIS-Seite 47).

◁ *Vorhergehende Doppelseite: Gestaltungselement Wasser. Wer seinem Garten eine besondere Note verleihen will, kann darin einen attraktiven Wassergarten aus mehreren Teichen anlegen. Für zwei Teiche, von denen der eine zum Beispiel als Fischteich, der andere vorwiegend für Pflanzen genutzt wird, und einem Sumpfbeet ist die Größe eines durchschnittlichen Privatgartens ohne weiteres ausreichend.*

Teich auf felsigem Untergrund und für schnelle Teichanleger

Harter Untergrund vereitelt oft das Vorhaben, dem Teich die nötige Tiefe zu geben. Wer nicht zum Preßlufthammer greifen will, baut am besten einen Teich mit hochgelegtem Wasserspiegel. Er eignet sich auch für alle, die nicht gern Riesenlöcher buddeln.

Stecken Sie die Teichform ab und markieren Sie die Tiefwasserzone. Entlang des Teichrands vergraben Sie Rundhölzer so in der Erde, daß sie gut 40 cm herausragen. Den Tiefwasserbereich (in der Regel eine Fläche von 1 m^2) 40 cm tief ausheben, den Aushub hinter den Rundhölzern aufschütten und später bepflanzen. Den gesamten Teichbereich mit Folie auskleiden, Folie an die Hölzer nageln. Da die Pflanzen in Gitterkörben in den Teich gesetzt werden, ist Bodengrund unnötig. Wenn der Teich groß genug ist (5 bis 6 m^2), können darin auch Fische leben.

Teich im Schatten

Viele Gartenbesitzer meinen, in Gärten mit üppigem Baumbestand ließe sich ein Gartenteich nicht schön bepflanzen, da ja immer wieder gesagt wird, daß Teichpflanzen Sonne brauchen. Dies ist jedoch keineswegs so, denn die Zahl der Pflanzen, die in und rund um einen schattigen Teich gedeihen, ist größer, als man glauben mag. So bringen zum Beispiel Rhododendren und Azaleen, die in der luft- und bodenfeuchten Nachbarschaft eines beschatteten Teichs bestens gedeihen, ungeahnte Farbfülle an den Teichrand. Für sattes Grün und faszinierende Herbstfarben sorgen die vielen unterschiedlichen Farne, für die das schattige Teichufer ein idealer Lebensraum ist.

Im seichten Wasser wachsen gut die Sumpf-Dotterblume (*Caltha palustris*), Sumpfkalla (*Calla palustris*), Tannenwedel (*Hippuris vulgaris*), Sumpf-Schwertlilie (*Iris pseudacorus*), Pfennigkraut (*Lysimachia nummularia*), die Trollblume (*Trollius europaeus*) und die Bachbungen-Ehrenpreis (*Veronica beccabunga*). Im tieferen Wasser gedeihen Kalmus (*Acorus calamus* oder *Acorus gramineus*) und die Teichrose (*Nuphar lutea*). Die allseits beliebten Seerosen gedeihen im Schatten nicht.

Auch in schattigen Teichen siedeln sich wildlebende Tiere an. Je natürlicher die weitere Umgebung ist, desto eher besteht die Möglichkeit, daß sich Teichgäste wie Grasfrosch, Erdkröte, Bergmolch und Feuersalamander einfinden, von der artenreichen, ebenso spannend zu beobachtenden Insektenwelt ganz abgesehen.

Der aus dem Orient stammende Kalmus (Acorus calamus) wurde früher als Heilpflanze angebaut und verwilderte später. Im flachen Wasser der Sumpfzone gedeiht er am besten.

Tümpel und Pfützen

Diese Lösung bietet sich nicht nur für Kleinstgärten an, sondern auch für alle Naturfreunde, die auf den Spuren des berühmten Verhaltensforschers Konrad Lorenz wandeln oder ganz einfach eine faszinierende Wassertierwelt im Kleinformat beobachten möchten.

Angelegt wird so ein Tümpel am besten aus Lehm, man braucht wenig, außerdem ist es der natürlichste Stoff. 50 × 150 cm Fläche und ein paar Zentimeter Tiefe genügen, denn das charakteristische Merkmal eines Tümpels ist, daß er nur vorübergehend, höchstens ein paar Monate im Jahr, Wasser führt. Man kann seine Pfütze natürlich auch mit Folie auslegen. Bepflanzt wird sie mit Gänsekresse, Bachbungen-Ehrenpreis, Vergißmeinnicht und Schachtelhalm. Von selbst kommen Erdkröte und Moorfrosch, Libellenlarven, Wasserflöhe und andere Kleinstlebewesen.

Oben links : Während der Paarung muß das Moorfrosch-Weibchen (Rana arvalis) sein Männchen Huckepack tragen. Dieses hier hat sich hochzeitsmäßig hellblau gefärbt, doch das tun nicht alle.
Unten links : Die Knoblauchkröte (Pelobates fuscus) sondert ein schleimhautreizendes Sekret aus, das nach Knoblauch riecht. Sie bevorzugt offenes sandiges Gelände und ist ein seltener Gast am Teich.
Rechts: Der Wasserfrosch (Rana esculenta) nimmt sehr gern ein Sonnenbad in blumiger Umgebung.

Wassergärten

Der Gartenteich wird vielfach auch als Wassergarten bezeichnet. Das hat sich so eingebürgert. Doch betrachtet man einmal den Begriff unter dem Gesichtspunkt der Gartengestaltung, dann kann man durchaus einen Schritt weitergehen und sagen: Ein Wassergarten ist ein Garten, in dem das Element Wasser zur Gestaltung des gesamten Gartens verwendet wird. Beispiele dafür gibt es genug: Von historischen Beispielen wie den römischen Gärten einmal abgesehen, denke man nur an die englischen Gärten, in denen Teiche, Bäche, Wasserfälle, Brunnen, Fontänen und andere Wasserspiele den Charakter des Gartens prägen. Und dabei handelt es sich keineswegs nur um riesige Schloßgärten, sondern vielfach um Privatgärten, die teilweise nicht sehr groß sind.
Vielleicht macht es auch Ihnen Spaß, Ihrem Garten eine besondere Note zu verleihen, indem Sie ihn in einen attraktiven Wassergarten verwandeln. Die einzelnen Gestaltungselemente finden Sie in diesem Buch: Die Beschreibungen und Fotos der Teichmodelle, des Bachlaufs, der vielfältigen Wasserspiele und der prachtvollen Teichpflanzen bieten so viele Anregungen, daß Sie sicher Ihren individuellen Wassergarten »komponieren« können. Sie brauchen dazu erst einmal nur Bleistift und Papier, auf das Sie einen Lageplan Ihres Gartens zeichnen. Ausgangspunkt der Planung ist der vorhandene oder geplante Teich. Sozusagen als Bindeglied fungiert der Bachlauf (→ Seite 66).
Das einfachste Modell eines Wassergartens, das auch in kleinen Gärten zu verwirklichen ist, sieht so aus: Ein Teich mit einem sich durch den Garten windenden Bachlauf, der durch ein Sumpfbeet und einen

Oben links: Nur im Februar zur Paarungszeit und Eiablage sucht der Grasfrosch (Rana temporaria) das Wasser auf.
Oben rechts: Unverwechselbar ist der wohlklingende hohe Trillerton, mit dem das Wechselkröten-Männchen (Bufo viridis) nach dem Weibchen ruft.
Unten links: Der keckernde und knarrende Chorgesang der Wasserfrösche ist auch außerhalb der Paarungszeit Tag und Nacht weiterhin zu hören.
Unten mitte: Als geschickter Kletterer ist der Laubfrosch (Hyla arborea) auch hoch oben in Bäumen zu finden.
Unten rechts: Mit ihrem dumpfen »uh-uh-uh ...« macht sich die Gelbbauchunke (Bombina variegata) im Sommer an bewachsenen, flachen Ufern bemerkbar.

zweiten, kleineren Teich läuft. Die Wasserzufuhr erfolgt über eine künstlich angelegte Quelle (Quellstein oder Wasserfall, → Zeichnung, PRAXIS-Seite 93).

Aufwendiger sind Wassergärten, in denen zum Beispiel mehrere Teiche miteinander verbunden und außerdem noch verschiedene Wasserspiele betrieben werden sollen. Hier sind die Tüftler gefragt, um das Wasser jeweils an die richtige Stelle zu bringen. Wenn der Bachlauf lang genug ist, können Sie zum Beispiel einen Goldfischteich, einen nur zum Baden genutzten Teich und einen kleinen Naturteich kombinieren. Selbstverständlich lassen sich Teiche und Becken getrennt voneinander plazieren, dann aber fehlen Faszination und Filterwirkung des Bachlaufs. Solche aufwendigen Anlagen passen am besten in große Gärten.

Ein genauer Anlageplan ist wichtig, da solch ein Wassergarten ein dominierendes Element im Garten ist. Denken Sie bei Ihrer Planung an folgende Dinge:

- Da Garten-, Teich- und Bachlaufbepflanzung miteinander harmonieren sollen, kommen Sie ohne Bepflanzungsplan nicht aus.
- Zu empfehlen ist, die Blütezeiten der Pflanzen aufeinander abzustimmen, so daß es entlang und im Wasser den ganzen Sommer über blüht und sich auch im Herbst schöne Färbungen zeigen.
- Auch bei den Blütenfarben sollten Sie, fast wie ein Maler, Geschmack und Gefühl walten lassen. Hier ist Harmonie gefragt, vermeiden Sie also krasse Farbgegensätze, und lassen Sie es vielleicht streckenweise sogar Ton in Ton blühen.

PRAXIS Teichmodelle

Anleitungen, Rat und Problemlösungen

Auf diesen PRAXIS-Seiten finden Sie Gestaltungsbeispiele für einige Teichmodelle und praktischen Rat für die Verarbeitung geeigneter Materialien.

Teich mit hochgelegtem Wasserspiegel
Zeichnung 1
Dieser Teich eignet sich besonders gut für Gärten, in denen man wegen der Bodenbeschaffenheit die Teichgrube nicht ausreichend tief ausheben kann: Die gewünschte Teichform abstecken, die Tiefwasserzone markieren und diese 35 cm tief ausheben. Dann entlang der Teichformmarkierung Rundhölzer von etwa 80 cm Länge so eingraben, daß sie 40 cm hoch aus der Erde ragen. Den Aushub hinter den Rundhölzern aufschütten. Folie einlegen und an die Rundhölzer nageln. Erdwall mit Pflanzen besetzen, die den Boden gut durchwurzeln. Soll der Wall begehbar sein, den gewünschten Abschnitt mit einer Trockenmauer befestigen.

Enteninsel
Zeichnung 2
Der begehrteste Platz für Ihre Enten wird solch eine Insel sein, die leicht anzulegen ist: In etwa 80 cm Wassertiefe einen U-Stein (Baustoffhandel) stellen. Damit die Teichfolie nicht beschädigt wird, unbedingt ein oder zwei Stück Folie und ein Schutzvlies darunterlegen. Ein flaches Kunststoffbecken (etwa 20 cm hoch, Durchmesser etwa 1 m) daraufsetzen – der Beckenrand muß etwas über den Wasserspiegel ragen –, mit katzenkopfgroßen Kieseln füllen, mit Rasensoden abdecken.

Badeteich
Zeichnung 3
Um im Gartenteich oder in einem zum Teich umgewandelten Swimming-pool die Bereiche fürs Baden und für die Pflanzen zu trennen, ist das Errichten einer Steinmauer am einfachsten. Die Steine (am besten unregelmäßig geformte Natursteine) nach Art einer Trockenmauer aufschichten, dabei zwischen die Steine punktförmig Silikonkleber auftragen, damit die Mauer sicher steht. Keinen Mörtel verwenden, durch die Zwischenräume muß Wasser dringen können. Hinter der Mauer Teicherde aufschütten (Sand-Lehm-Gemisch) und bepflanzen oder bepflanzte Gitterkörbe einsetzen.
Für den Badesteg zwei U-Steine mit den Schenkeln nach oben auf Folienreste und Schutzvlies in den Teich stellen. Die Stützpfeiler des Stegs in die U-Steine stellen und mit Fertigbeton einbetonieren. Die Pfeiler durch zwei kreuzförmig angenagelte Latten stabilisieren, Steg mit Hilfe von rostfreien Nägeln oder Schrauben und zweier Querträger an den Pfeilern befestigen.

1 Teich mit hochgelegtem Wasserspiegel, eine ideale Lösung für Gärten mit felsigem Boden.

2 Eine Insel für den Ententeich, Ruhe- und Brutplatz für die Enten.

3 Gartenteich mit Badespaß. Wer in seinem Teich baden möchte oder den Swimming-pool in einen Gartenteich mit Bademöglichkeit verwandeln will, sollte die Badezone vom Bereich für Pflanzen und Tiere trennen.

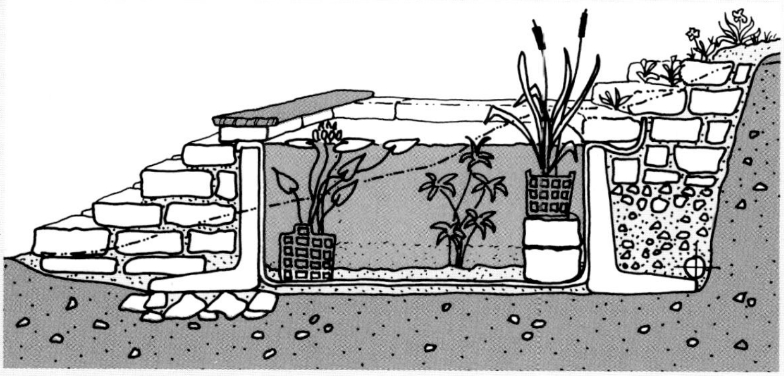

4 | Teich am Hang. Die Hangseite muß so befestigt sein, daß das Erdreich nicht ins Rutschen kommt; die Talseite muß dem Wasserdruck standhalten können.

5 | Spielteich für Kinder. Man braucht dazu nur Kanthölzer und eine kräftige Teichfolie (1,5 mm).

Teich am Hang
Zeichnung 4
Hang etwa 70 cm tief abgraben. An der Hangseite mit nebeneinander aufgereihten L-Steinen (Baustoffhandel) das Erdreich gegen Abrutschen sichern (die kürzeren Schenkel weisen zum Hang). Hinter den L-Steinen Erde, kleinere und größere Steine aufschichten (in Art einer Trockenmauer, → rechte Seite der Zeichnung 4).
Die Talseite wird ebenfalls mit L-Steinen, deren kürzere Schenkel vom Hang weg weisen, befestigt. Zur Sicherheit unter die L-Steine einige größere Kiesel legen. In die so entstandene Teichgrube die Folie einlegen, entlang der L-Steine mit Steinen oder Pflanzkörben beschweren. Folie mit Silikonkleber an den L-Steinen festkleben oder über die Steine ziehen und im Erdreich vergraben.
Um die L-Steine zu verdecken, an der Talseite Erde aufschütten oder besser noch in der Art einer Trokkenmauer eine Treppe anlegen, die zu einem auf den Steinen angebrachten Sitzbrett führt.

Spielteich für Kinder
Zeichnung 5
Am einfachsten läßt sich ein rechteckiger Teich anlegen; Größe etwa 3 bis 4 m². Teichgrube so ausheben, daß Grubentiefe und Höhe eines Kantholzes (sie sind zwischen 15 und 20 cm hoch) zusammen nicht mehr als 40 cm ergeben (gleiche Tiefe in der gesamten Grube). Als Uferbefestigung sind Kanthölzer in zwei Lagen nötig. Erste Lage einbringen, Ecken mit Winkeleisen verbinden, Schutzvlies und Folie einlegen, über das Holz ziehen und darauf festnageln. Zweite Lage Kanthölzer daraufsetzen, Ecke mit Winkeleisen versehen und beide Lagen mit ausreichend langen, senkrecht eingeschraubten Holzschrauben miteinander verbinden. Den Teich so hoch mit Sand füllen, daß sich darüber nur noch etwa 10 cm Wasser befindet.

Separates Sumpfbeet
Zeichnung 6
Es wird genauso angelegt wie der Spielteich (→ Zeichnung 5), beziehungsweise dieser kann zum Sumpfbeet umfunktioniert werden. Das Sumpfbeet mit Teicherde füllen (Sand-Lehm-Gemisch), Pflanzen direkt in die Erde oder in Pflanzkörben einsetzen. Das Beet immer ausreichend wässern!

Kleiner Teich für Wasserspiele
Zeichnung 7
Anlage wie Spielteich (→ Zeichnung 5). Allerdings benötigt man eine vom Fachmann verlegte Stromzuleitung. Im Teich Gittersteine bis zum Folienrand aufschichten (Höhe des ersten Kantholzes), Pumpe mit Wasserspiel (kleine Fontäne, Wasserrad, Wasserglocke, Springbrunnen) in den Teich stellen, Baustahlgitter in passender Größe waagerecht auf die Gittersteine legen und mit größeren Kieseln bedecken.

6 | Separates Sumpfbeet. Es wird wie der Spielteich für Kinder mit Teichfolie abgedichtet und mit Kanthölzern eingefaßt.
Die Pflanzen kann man direkt in die Erde oder in Gitterkörbe setzen.

7 | Becken für Wasserspiele, eine dekorative Verwendungsmöglichkeit für den ausgedienten Kinderspielteich.

Teich anlegen leicht gemacht

Wie auch immer Ihr Teich aussehen wird – sei es, daß Sie eines der beschriebenen Teichmodelle nachmachen möchten oder Ihren Gartenteich umgestalten wollen –, in jedem Fall kommen Sie schneller zum Erfolg, wenn Sie die Grundlagen des Teichanlegens beherrschen. Vom Standort des Teichs bis hin zu Wasser- und Stromzuleitungen gibt es einiges zu bedenken. Auch über die Verarbeitung der verschiedenen Abdichtungsmaterialien sollten Sie Bescheid wissen. Alles, was fürs Teichanlegen wichtig ist, finden Sie auf den folgenden Seiten, vor allem auf den PRAXIS-Seiten mit ihren informativen Zeichnungen.

Eine ganze Reihe von Kriterien ist für die Anlage eines Teichs wichtig. Der Standort hängt davon ab, was Sie von Ihrem Teich erwarten. Die Größe richtet sich nach dem vorhandenen Platz, die Lage hat sowohl mit der Bodenbeschaffenheit zu tun (schließlich wollen Sie dafür nicht unbedingt einen Felsen sprengen) als auch mit einem eventuell vorhandenen Baumbestand (durch Laub und Nadeln, die im Herbst ins Wasser fallen, wird die Wasserqualität beeinträchtigt).

Gute Planung – der schnelle Weg zum Erfolg

Es lohnt sich, den Teich mit allem Drum und Dran erst einmal auf dem Papier zu entwerfen. Schließlich lassen sich Fehler beim Teichanlegen nur mit großem Arbeits- und Kostenaufwand korrigieren.

Was beim Standort zu bedenken ist

Immer wieder liest man, ein Gartenteich solle sich harmonisch in den Garten einfügen. Das klingt einleuchtend, doch da sich diese Forderungen bei der Vielfalt der Gärten nicht in allgemeingültige Regeln fassen lassen, sollten Sie die Sache praktisch angehen. Betrachten Sie Ihren Garten und fragen Sie sich, was Sie von einem Teich erwarten. Wollen Sie das Leben und Treiben im Wasser so oft wie möglich beobachten, gehört er in das Blickfeld des am häufigsten benutzten Aufenthaltsplatzes (Terrasse, Sitzecke im Garten). Möchten Sie einen Naturteich, muß er in der ruhigsten Ecke des Gartens liegen.

Ist diese grundsätzliche Frage geklärt, sollten Sie sich den geplanten Standort unter den nachfolgenden Gesichtspunkten näher anschauen.

Lage: Ideal für den Teich sind 5 bis 6 Stunden Sonne am Tag, das bedeutet halbschattige Lage, also Ost-Westlage. Bei vollsonniger Lage, also Südlage, sollten Sie Schattierungsmöglichkeiten einplanen wie hoch wachsende Gräser, Stauden, Ziersträucher. Auch ein dichter Seerosenbestand schattet gut ab. Vor allem kleine Teiche brauchen den Wechsel von Sonne und Schatten. Die Sonne fördert den Pflanzenwuchs, der Schatten sorgt dafür, daß sich im Hochsommer das Wasser nicht in eine warme, sauerstoffarme Brühe verwandelt, in der die Algen rasch Oberhand gewinnen.

Witterungseinflüsse: Norden und Nordwesten sind die sogenannten Wetterseiten – nicht umsonst spricht man nicht nur im übertragenen Sinn vom »eisigen Nordwind«. Deshalb sollte der Teich an diesen

Wetterseiten vor Witterungseinflüssen geschützt sein. Falls nicht das Wohnhaus oder bestehende Anpflanzungen Schutz bieten, brauchen Sie Platz für eine 40 bis 50 cm hoch wachsende Randbepflanzung. Immergrüne Hecken, zum Beispiel Liguster, sorgen besonders in der kühlen Jahreszeit für Wind- und Wetterschutz. Auch ein Erdwall ist möglich, für den Sie gut den Teichaushub verwenden können.
Bäume am Teich: Sie sind zwar Schattenspender, doch schafft ihr Laub vor allem im Herbst Probleme, da sich durch Laub im Teich die Wasserqualität für die Teichbewohner bedrohlich verschlechtern kann. Die Gerbsäure des verwesenden Laubs verändert rapide den pH-Wert des Wassers. Muß oder soll der Teich neben Bäumen liegen, bleibt Ihnen nichts anderes übrig, als im Herbst das Laub mit einem Kescher abzufischen oder den Teich mit einem Netz (Vogelnetz, im Fachhandel erhältlich) zu überspannen.

Klein oder groß?

Diese Frage, an der wohl kein Teichanleger vorbeikommt, ist nicht einfach zu beantworten. Eine allgemeingültige Mindestgröße kann man nicht angeben, denn die Teichgröße hängt immer von mehreren Faktoren ab – dazu gehören Größe des Gartens, Arbeitsaufwand, Kosten, und, das ist ganz wichtig, die eigenen Erwartungen und Wünsche (Fische, Baden oder naturnahe Gestaltung).
Und nicht zuletzt muß man das »biologische Gleichgewicht« des Teichs in die Überlegungen miteinbeziehen. Dieser Begriff wird Ihnen nicht nur im Zusammenhang mit der Teichgröße begegnen, denn das Ziel aller Bemühungen bei der Anlage, der Bepflanzung und der Pflege ist, dieses Gleichgewicht im Teich zu erreichen und zu halten. Es bedeutet nichts anderes, als daß ein ausgeglichenes Verhältnis zwischen den Nährstofflieferanten (abgestorbene Pflanzen und Tiere) und den Nährstoffverbrauchern (lebende Pflanzen, pflanzen- und fleischfressende Tiere) im Teich herrschen muß. Fallen mehr Nährstoffe an, als verbraucht werden, verschlechtert sich die Wasserqualität. Im Extremfall kann es zum »Kippen« (Eutrophierung) des Teichs kommen. Die Folge ist ein übermäßiger Algenwuchs, der wiederum einen starken Sauerstoffentzug verursacht. Ließe man dann den Dingen ihren Lauf, würden schließlich auch die Algen absterben, und dann könnten im Teich weder Tiere noch Pflanzen leben.
In kleinen Wassermengen läßt sich das biologische Gleichgewicht schwieriger erreichen und halten als in größeren.
Bedenken Sie bei der Entscheidung über die Teichgröße: Aus den beschriebenen biologischen Zusammenhängen lassen sich nützliche Rückschlüsse für die Praxis ziehen:

- In kleinen Teichen, in denen Fische, andere Tiere und Pflanzen leben sollen, ist biologisches Gleichgewicht in der Regel nur mit Hilfe technischer Geräte, mit einigem Pflegeaufwand und regelmäßigen Kontrollen möglich. Kleinere Wassermengen reagieren nämlich sehr schnell auf äußere Einflüsse. Eine Nährstoffüberfrachtung durch Laubfall, Aussetzen des Filters oder der Pumpe, Einfließen von Rasendünger und vieles mehr kann die Wasserqualität in kurzer Zeit verschlechtern. Und dann heißt es, rasch regulierend eingreifen, bevor die Fische mit dem Bauch nach oben schwimmen.
- Je größer der Teich, desto weniger schnell gerät er aus dem biologischen Gleichgewicht, vorausgesetzt natürlich, er ist richtig angelegt und artenreich bepflanzt.

Ganz stilbewußt präsentiert sich dieser Koiteich im Schmucke einer japanischen Steinlaterne, die es in verschiedenen Größen und Ausführungen zu kaufen gibt.

Trockenen Fußes durchs Wasser. Der betonierte Untergrund für die schweren Trittsteine aus Natursteinen wurde von einem Fachmann angelegt.

Wassertiefe: Angaben darüber finden Sie in den beschriebenen Teichmodellen. Grundsätzlich sollte ein Teich die drei für Pflanzen und Tiere wichtigen Lebensbereiche besitzen, nämlich eine Sumpfzone (bis etwa 25 cm), eine Flachwasserzone (25 bis 50 cm) und eine Tiefwasserzone (mehr als 50 cm). Sollen Fische im Teich überwintern, muß eine etwa 1 m^2 große Fläche 70 cm (bei Bedarf mehr) tief sein.

Die Teichform

Wählen Sie die Form, die Ihnen am besten gefällt und sich Ihrer Meinung nach gut in das Gesamtbild Ihres Gartens einfügt. Mit dem Gartenschlauch oder einem langen Seil können Sie ausprobieren, wie der gewünschte Umriß in Ihrem Garten wirkt.
Bedenken Sie nur: Kurven- oder eckenreiche Formen machen beim Ausheben und Abdichten der Teichgrube nicht nur mehr Arbeit, sondern sie kosten auch mehr. Sie benötigen dafür mehr Teichfolie

beziehungsweise sind zum Beispiel L-förmige Fertigbecken teurer als einfache ovale oder runde.

Wohin mit dem Aushub?
Auch das ist eine Frage, an die Sie schon bei der Planung denken sollten. Da Sie den Aushub meist nicht als Bodengrund für den Teich verwenden dürfen – er ist in der Regel zu nährstoffreich –, gilt es zu überlegen, ob Sie ihn abtransportieren lassen oder im Garten verwenden, zum Beispiel für einen Erdwall als Witterungsschutz, vielleicht für einen Steingarten am Teich oder die Anlage eines Wasserfalls. Möglichkeiten für die Verwendung im Garten gibt es genug, wichtig ist nur, vorher zu überlegen, wo Sie den Aushub bis zum Abtransport oder zu seiner Verarbeitung lagern. Falls dies auf Ihrem Rasen geschehen soll, müssen Sie ihn mit großen Plastikplanen abdecken, sonst nimmt er Schaden.

Rhododendron-Hybride 'Hachmann's Feuerschein'. Diese Sorte behält ihre Farbintensität vom Öffnen bis zum Verwelken der Blüte bei.

Abdichtungsmaterialien

Entscheiden Sie am besten schon in der Planungsphase, welches Abdichtungsmaterial Sie für Ihren Teich benützen möchten.
Teichfolien und Kunststoff-Fertigteiche werden heute am häufigsten verwendet. Beide Materialien können auch handwerklich Ungeübte problemlos handhaben. Genaue Arbeitsanleitungen finden Sie auf den PRAXIS-Seiten 62 und 63.
Mit der Folie können Teiche in fast jeder Größe und in jeder gewünschten Form ausgelegt werden. Fertigteiche gibt es in vielen Größen und Formen, auch Bausätze für große Teichanlagen werden angeboten.
Lehm als Abdichtungsmaterial wird von manchen Naturteich-Freunden bevorzugt. Er ist aber nicht ganz einfach zu verarbeiten. Man bekommt ihn im Baustoffhandel, allerdings ist er in manchen Gegenden schwer erhältlich.
Die Teichgrube muß mit einer etwa 30 cm dicken Lehmschicht versehen werden: Den krümelig-trockenen Lehm gleichmäßig verteilen und dann durchnässen. Mit den Füßen oder einer Maurerkelle verkneten. Es muß eine möglichst gleichmäßig dicke Lehmschicht entstehen. Etwa 10 cm hoch Sand auffüllen, damit die Tiere später nicht den Lehm aufwirbeln und das Wasser sich trübt. Zum Schluß Wasser langsam einfüllen. Anfangs kann noch etwas Wasser versickern, das hört jedoch bald auf, weil sich Risse und Spalten von selbst zuschlämmen.
Weniger Lehm brauchen Sie übrigens, wenn Sie als Ausgangsmaterial (als Unterlage) ungebrannte Rohziegel (aus der Ziegelei) verwenden.

Wasser und Strom für den Teich

Planen Sie am besten gleich eine Wasser- und Stromzapfstelle in unmittelbarer Nähe des Teichs ein, auch wenn Sie keine technischen Hilfsmittel wie Filter oder Kreiselpumpe einsetzen. Spätestens im zweiten Jahr wird es Ihnen lästig, für den Wasserwechsel ständig den Gartenschlauch oder das Kabel für die Wasserpumpe auszurollen.
Wasserzuleitung: Die einfachste Methode ist, einen stabilen Gartenschlauch vom Wasseranschluß bis zum Teich spatentief in der Erde zu vergraben. Um spätere Beschädigungen zu vermeiden, den Verlauf

PRAXIS
Teich anlegen

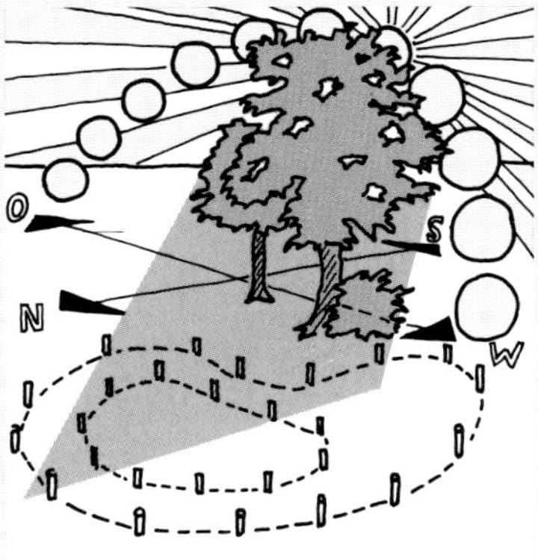

1 *Besonnungsdauer prüfen, dann Teichform mit Hilfe kleiner Holzpflöcke abstecken, auch die Tiefwasserzone markieren.*

Was jeder Teichanleger wissen sollte
Gleichgültig, welches Abdichtungsmaterial Sie verwenden, einige grundlegende Dinge sind immer zu berücksichtigen, dazu gehört nicht nur die Wahl des richtigen Standortes für den Teich, sondern auch Überlegungen, ob Sicherungsmaßnahmen zum Schutz von Kindern oder ein Wasserabfluß nötig sind.

Standort und Teichform planen
Zeichnung 1
Sonne, also Licht und Wärme, aber auch Schatten sind für das Wachstum der Pflanzen wichtig, deshalb sollte der Teich mindestens 5 bis 6 Stunden am Tag Sonne bekommen. Bei ganztägig besonnten Teichen müssen Sie für Schatten sorgen, indem Sie Gräser, Stauden oder Sträucher pflanzen. Auch ein dichter Seerosenbestand schattet gut ab. An und in Teichen, die im Schatten liegen, gedeihen nur ganz bestimmte Pflanzen (→ Teich im Schatten, Seite 43).

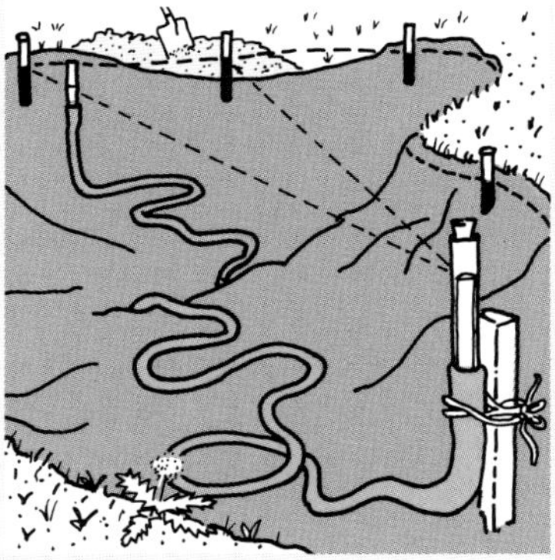

2 *Teichgrube ausheben, mit der Schlauchwaage prüfen, ob der Teichrand waagerecht liegt, wenn nötig, Rand korrigieren.*

Ist der richtige Platz festgelegt, stecken Sie mit kleinen Holzpflöcken die gewünschte Teichform ab. Um zu vermeiden, daß die Tiefwasserzone zu groß, zu klein oder an einem nicht gewünschten Platz ausgehoben wird, sollten Sie auch diese markieren.

Den Wasserspiegel justieren
Zeichnung 2
Nach dem Ausheben der Teichgrube den Teichrand justieren. Er muß absolut waagerecht liegen, sonst läuft später das Teichwasser wie aus einem schräggestellten Suppenteller aus. Hierbei hilft eine Schlauchwaage, zu der sich ein Gartenschlauch leicht umfunktionieren läßt: An jedes Ende ein PVC-Röhrchen stecken (im Zoofachhandel erhältlich) und den Schlauch mit Wasser füllen. Das eine Ende des Schlauchs an einen Pfosten binden, das andere in die Hand nehmen, damit den Teichrand abschreiten und an Holzpflöcken den späteren Teichrand markieren. Durch Abgraben oder Aufschütten wird der Teichrand korrigiert.

3 *Ein Teich, in dem Tiere und Pflanzen leben sollen, wird so angelegt, daß vier Lebensbereiche entstehen: die Sumpfzone, die Flachwasserzone, die Seerosenzone und die Tiefwasserzone.*

4| *Zum Schutz von Kindern muß der Teich gesichert werden; gut dafür geeignet ist ein solides, 10 cm unter der Wasseroberfläche angebrachtes Gitter.*

Die Lebensbereiche im Teich
Zeichnung 3
Lebensbereiche bedeuten Zonen mit unterschiedlichen Wassertiefen, und die sind nötig, um sowohl die Standortansprüche der Teichpflanzen als auch die Lebensbedürfnisse der Teichtiere erfüllen zu können. Die Lebensbereiche entstehen, indem Sie das Teichprofil stufenförmig oder in Form eines Suppentellers anlegen.
Ein Beispiel: Die Sumpfzone hat eine Tiefe von 0 bis 15 cm. Für Sumpfpflanzen, die Staunässe vertragen, füllt man 10 cm hoch Bodengrund ein. Für Sumpfpflanzen, die keine Staunässe mögen, wird die Zone völlig mit Bodengrund gefüllt. Die sich anschließende Flachwasserzone kann eine Wassertiefe bis zu 30 cm haben; sie geht über in die bis zu 60 cm tiefe Seerosenzone. In der nun folgenden Tiefwasserzone sollte die Wassertiefe in Teichen, in denen Fische leben, mindestens 70 cm betragen.
Eine Abgrenzung der Zonen mit Hilfe von aufgeschichteten Steinen verhindert, daß der Bodengrund in die nächste Zone rutscht.

Das Schutzgitter im Teich
Zeichnung 4
Ein Gitter im Teich ist eine praktische, fast unsichtbare Sicherung zum Schutz von Kindern. Sie benötigen geschweißtes, kunststoffummanteltes oder verzinktes Baustahlgitter (Maschenweite 6 bis 10 cm). Gestützt wird das Gitter von aufgeschichteten gebrannten Mauersteinen (Gitterziegel, Poroton). Die Steine so aufschichten, daß das Gitter etwa 10 cm unter der Wasseroberfläche waagerecht liegt. Sorgfältig abstützen, es darf nicht kippen, wenn es einseitig belastet wird!

5| *An steilen Ufern ist ein Steigbrett nötig, um Säugetieren, die ins Wasser gefallen sind, das Herausklettern zu ermöglichen.*

Ausstiegshilfe für Tiere
Zeichnung 5
Ein langes, schräg in den Teich gelegtes Brett erleichtert Tieren das Verlassen des Wassers. Damit das Brett nicht abrutscht, wird das untere Ende mit Steinen beschwert. Am oberen Ende nageln Sie ein etwa 50 cm langes Stück Folie an. Folie am Teichrand festkleben (Silikonkleber) oder zusammen mit der Teichfolie im Erdreich vergraben.

Die Sickergrube
Zeichnungen 6 und 7
Ein Wasserabfluß oder Überlauf verhindert, daß das Teichwasser nach langen Regenfällen das Ufer überflutet. Schnell angelegt ist die Grube mit Hilfe eines sogenannten Kompostrings (im Gartenfachhandel erhältlich): Ein Loch in der Größe des Rings graben, die Wände (nicht den Boden!) mit Teichfolie auskleiden und den Ring mit faustgroßen Steinen füllen.
Als Verbindung zwischen Sickergrube und Teich dient ein Stück Dachrinne. Andere Möglichkeit: Erde in Form einer Rinne ausheben und mit Folie so auskleiden, daß die Verbindung wasserdicht ist. Rinne mit Steinen füllen, damit Jungfische nicht in die Grube geschwemmt werden.

6| *Eine Sickergrube als Wasserüberlauf hat sich sehr bewährt.*

7| *Die Abflußrinne wird mit grobem Kies ausgelegt.*

Charme und Schönheit von Pflanzen, Wasser und Stein. Durch die hochkant verlegten Backsteine und die Stufe wird die Strenge der Linienführung aufgelockert. Die Schmucklilien (Agapanthus) machen sich im Kübel gut, für den kugelig geschnittenen Buchsbaum wurden einige Terrassenplatten entfernt.

Rotkehlchen beim morgendlichen Bad.

kennzeichnen, fotografieren oder in eine maßstabsgetreue Zeichnung eintragen. Die teure Methode ist, sich vom Fachmann einen Wasseranschluß am Teich installieren zu lassen.

Stromzuleitung: Hier gibt es keine einfache Methode zum Selbermachen, die man guten Gewissens empfehlen kann. Da muß ein Fachmann her, der das Verlegen und Anbringen der Anschlüsse für elektrische Geräte übernimmt. Allenfalls beim Verlegen des Schutzrohres für das Kabel (zum Beispiel PVC-Rohr mit 2,5 cm Durchmesser) können Sie selbst Hand anlegen. Das Rohr spatentief so eingraben, daß das Gefälle vom Haus weggeht. Das heißt, das Rohr zum Teich hin einige Zentimeter tiefer legen, damit die Feuchtigkeit im Rohr vom Haus wegläuft.

Da eine Luftpumpe (Membranpumpe für die Sauerstoffzufuhr) – vor allem in Teichen mit Fischen – fast unentbehrlich ist, verlegen Sie am besten gleich ein zweites PVC-Rohr, durch das der Luftschlauch der Pumpe vom Haus an den Teich geführt wird (→ Seite 58).

Warnung vor Stromunfällen

Beachten Sie unbedingt folgende Sicherheitsratschläge:

- Elektrische Installationen dürfen nur vom Fachmann ausgeführt werden.
- Achten Sie beim Kauf darauf, daß die Geräte das VDE-Zeichen oder das gültige TÜV-Zeichen (GS = geprüfte Sicherheit) tragen.
- Verwenden Sie ausreichend lange Kabel, niemals Verlängerungskabel.
- Schalten Sie den Strom ab (Netzstecker ziehen), bevor Sie elektrische Geräte aus dem Teich nehmen.
- Lassen Sie Reparaturen nur vom Fachmann ausführen.
- Ziehen Sie ein Gerät niemals am Kabel aus dem Teich.
- Falls nicht vorhanden, FI-Schalter (Fehlerstrom-Schutzschalter) in Sicherungskasten einbauen lassen. Wenn das nicht möglich ist, den FI-Schalter zwischen Stromquelle und Gerät anbringen.

Hinweis: Niedervoltspannung läßt sich heute für den Betrieb vieler Geräte am Teich einsetzen. Sie bietet ein hohes Maß an Schutz vor Stromunfällen. Informieren Sie sich im Elektro-, Zoo- oder Gartenfachhandel. Dort erfahren Sie übrigens auch, inwieweit heute schon Solarenergie am Teich eingesetzt werden kann.

Eine Vogeltränke sollte an keinem Teich fehlen. Eine flache Mulde (etwa 50 cm^2) wird mit Teichfolie ausgekleidet und so mit Steinen ausgelegt, daß in der Mitte ein kleiner Badeplatz für die Vögel bleibt.
Die Tränke sollte an einem ruhigen Platz liegen, den man aber aus einiger Entfernung gut beobachten kann. Auch dürfen in der Nähe nur wenig Sträucher und Stauden stehen, in denen sich Katzen auf die Lauer legen können. Vor allem in den frühen Morgen- und späten Nachmittagsstunden wird es an so einer Tränke munter zugehen.

Wasserabfluß

Wenn der Wasserspiegel durch starke Regenfälle steigt und das Teichwasser übers Ufer tritt, lassen viele Gartenteichbesitzer das Wasser einfach im Garten versickern. Sie ersparen sich damit das Anlegen eines Wasserabflusses. In vielen Fällen geht das auch gut. Wenn jedoch der Boden das Teichwasser nicht rasch genug aufnehmen kann, so daß die Umgebung des Teichs sehr lange feucht bleibt oder das Wasser gar in Nachbars Garten fließt, muß man eine Sickergrube anlegen. Sie leitet das Wassser in tiefer gelegenes Erdreich, bevor es das Ufer überflutet. Sie brauchen dazu einen Kompostring (im Gartenfachhandel erhältlich), Teichfolie und so viele etwa faustgroße Steine, wie in dem Ring Platz finden (Anlage der Sickergrube → PRAXIS-Seite 53).
In der Regel genügt die beschriebene einfache Sickergrube. Gibt es dann immer noch Probleme, kann oft nur ein Wasserabfluß in den Kanalanschluß Abhilfe schaffen. In solchen Fällen sollten Sie aber einen Fachmann für Kanalisation zu Rate ziehen.
Wichtig: Achten Sie darauf, daß kein Wasser auf Nachbargrundstücke fließt. Schäden, die durch unsachgemäßes Ablassen des Teichwassers oder durch defekte Wasserleitungen entstehen, müssen Sie ersetzen.

Technische Geräte für den Gartenteich

In einem kleinen Teich lassen sich nur mit Hilfe geeigneter Geräte wie Filter, Luft- und Wasserpumpe oder Oxydator die Lebensbedürfnisse seiner Bewohner erfüllen. Ließe man hier der Natur ihren freien Lauf, wär's um Tiere und Pflanzen bald geschehen. Aber auch bei größeren Teichen für Goldfische, Kois oder Enten sind technische Geräte hilfreich und oft notwendig.
Zwei Dinge müssen Sie bei einem Teich immer im Auge behalten:
1. Der Teich braucht ausreichend Sauerstoff. Für die Sauerstoffzufuhr eignen sich Wasser- und Luftpumpen oder ein Oxydator.
2. Der Teich darf nicht mit Abfallstoffen überlastet sein. Eine gute Filterung ist also wichtig. Dafür gibt es spezielle Teichfilter, besser noch: Bachlauf anlegen, er ist der natürlichste Filter und Sauerstofflieferant.

Technische Geräte, die einen Stromanschluß brauchen, dürfen nur vom Fachmann verlegt werden. Gerade ein im Wasser unsachgemäß verlegtes Kabel kann den Teich für den, der darin herumhantiert, zur tödlichen Falle machen.

Wasserpumpe: Sie ist unentbehrlich für die Teichentleerung und den Wasserwechsel, für den Betrieb von Wasserfällen und anderen Wasserspielen und nützlich zum Wasserumwälzen, wodurch Sauerstoff in den Teich gelangt.
Das Angebot an Pumpen ist so groß, daß für einen Laien gute Beratung in einem Fachgeschäft (Zoo- oder Gartenfachhandel) unerläßlich ist.
Wichtig für Sie zu wissen: Auf der Pumpe muß ausdrücklich angegeben sein, daß sie für den Betrieb unter Wasser geeignet ist. Und sie muß das VDE- oder GS-Zeichen tragen. In der Regel muß eine Wasserpumpe jährlich gewartet werden (zum Kundendienst des Herstellers oder Fachhändler bringen). Fragen Sie beim Kauf, wie oft die Pumpe gewartet werden muß (ratsam ist jährlich).
Luftpumpe: Das ist eine Membranpumpe, die im Sommer wie im Winter gute Dienste bei der Anreicherung des Wassers mit Sauerstoff leistet. Schließen Sie an das im Wasser befindliche Ende des Luftschlauchs einen Ausströmer an. Verschiedene Ausströmerarten bekommen Sie im Zoo- und Gartenfachhandel.
Wichtig für Sie zu wissen: Normale Luftpumpen dürfen nur an einem trockenen Ort aufgehängt werden, am besten im Haus. Der Luftschlauch wird durch ein PVC-Rohr zum Teich geführt. Spritzwassergeschützte Pumpen und sogenannte Gartenteich-Durchlüfter können im Freien angebracht werden.
Informieren Sie sich in einem guten Fachgeschäft genau über Anwendung und Pflege der Luftpumpe.
Oxydator: Diese Geräte brauchen keinen Stromanschluß und sind für die zusätzliche Sauerstoffzufuhr im Sommer und im Winter sehr zu empfehlen. Sie funktionieren auch unter der Eisdecke. Halten Sie sich genau an die Gebrauchsanweisung.
Filter: Im Fachhandel gibt es spezielle Gartenteichfilter, die mit einer Kreiselpumpe betrieben werden. Sie sind einfach zu bedienen und verbrauchen wenig Strom. Bis auf gelegentliches Reinigen oder Austauschen der Filtermasse sind diese Filter wartungsfrei.
Geräte für die Überwinterung: Im Winter ist es oft nötig, eine freie Stelle in der Eisdecke des Teichs zu schaffen. Dafür gibt es praktische Geräte wie Eisfreihalter aus Styropor oder sogenannte Teichheizer (→ PRAXIS-Seite 136).
Wichtig: Beachten Sie bitte die »Warnung vor Stromunfällen« (→ Seite 56).

Sicherungen zum Schutz von Kindern

Kleinkindern kann man auch mit den besten Erklärungen oder durch Verbote kaum beibringen, daß der Gartenteich kein gefahrloses Planschbecken ist. Wasser – erst recht, wenn Fische darin schwimmen – wirkt auf sie wie ein Magnet. Flach auslaufende Ufer reichen als Sicherungsmaßnahme meist nicht aus. Sie müssen den Teich rundherum sichern – in jedem Fall aber steilwandige Ufer!

Schutzzäune

Trockener Teichrandbereich (Rasen, Blumenbeet): Gut geeignet ist ein 60 cm hoher Holzzaun mit senkrecht verlaufenden Zaunlatten, deren Oberkanten abgerundet sind. Ungeeignet ist ein Jägerzaun. An dessen meist extrem zugespitzten Lattenenden können Kinder sich schwer

verletzen, oder sie stecken den Kopf hindurch und können ihn dann möglicherweise nicht mehr zurückziehen.
Mit Pflanzen wie Minze, Melisse, Wicken oder Efeu läßt sich für eine ziemlich rasche Begrünung des Zaunes sorgen.
Wichtig beim Kauf: Vergewissern Sie sich beim Verkäufer, daß zur Imprägnierung keine schädlichen Stoffe verwendet wurden; sie werden vom Regen ausgewaschen und können so in den Teich gelangen. Wenn Sie den Zaun selber imprägnieren: Kein Carbolineum verwenden!
Sumpfzone (Sumpfbeet): Dort läßt sich am einfachsten ein Maschendrahtzaun aus kunststoffüberzogenem Gitter errichten. Maschenweite: 10 cm, so daß die Vögel durchschlüpfen können. Engmaschige Zäune am Teich können für sie zur tödlichen Falle werden.
Als Pfosten zementieren Sie Winkeleisen in große Blumentöpfe, die Sie im Sumpfbeet eingraben. Eine flinke Alternative dazu ist das Zaungitter Novinit (erhältlich in Bau- und Hobbymärkten). Am längsten dauert das Einbetonieren der Pfähle, ansonsten wird das verzinkte, kunststoffbeschichtete Drahtgitter mit Edelstahlklipsen an den Profilpfosten festgeklammert – und hält. Eine einfache Spannhilfe gibt dem Zaun die nötige Spannung.
Um den Zaun zu verdecken, eignen sich schnellwüchsige schilfartige Pflanzen.

Die Schwanenblume (Butomus umbellatus) muß immer im Wasser stehen. Wegen ihres starken Wurzelwerks sollte sie in Pflanzkörbe gesetzt werden.

Schutzgitter im Teich
Das Gitter wird waagerecht etwa 10 cm unter der Wasseroberfläche angebracht. Geschweißtes, kunststoffummanteltes oder verzinktes Baustahlgitter nehmen, Maschenweite 6 bis 10 cm (→ Zeichnung, PRAXIS-Seite 53).
Das Gitter ruht im Folienteich auf gebrannten Mauersteinen (Poroton-Gitterziegel; keinen Kalksandstein verwenden). Im Fertigteich, in den sogenannte Pflanzstufen eingearbeitet sind, setzt man es auf die oberste Stufe. Das Schutzgitter ist kaum zu sehen, die Seerosen können sogar hindurchwachsen.
Wichtig: Beachten Sie bitte den Abschnitt »Haftung bei Unfällen am Gartenteich« auf Seite 61.

Sicherungsmaßnahmen für Tiere

Es kommt immer wieder vor, daß Säugetiere (Igel, Mäuse, Haustiere) in den Teich fallen. Steilufer, glatte Abdichtungsmaterialien wie Folien und Kunststoffbecken sind für sie qualvolle Todesfallen, weil sie daran keinen Halt finden. Mit einem Brett können Sie den Tieren das Verlassen des Teichs ermöglichen. Damit das Brett nicht in den Teich rutscht, muß es am Teichrand befestigt werden, zum Beispiel mit einem Stück Folie, das wie ein Scharnier Brett und Teichrand in Verbindung hält. Es kann am Teichrand festgeklebt oder zusammen mit der Folie des Teichs im Erdreich vergraben werden (→ Zeichnung, PRAXIS-Seite 63).
Sie können auch eine Badematte aus Reisstroh so ans Ufer legen, daß sie tief ins Wasser hängt und am Teichrand im Erdreich versenkt werden kann. Im Wasser die Matte mit Steinen beschweren. Pflanzen Sie rechts und links von der Matte Pfennigkraut, es bewächst sie so, daß man nach einiger Zeit fast nichts mehr von ihr sieht.

Haftung bei Unfällen am Gartenteich

Zum Schluß dieses nicht ganz unwichtige Thema, an das ein stolzer und euphorischer Gartenteichbesitzer wahrscheinlich nicht sofort denkt. Eine ausführliche und verbindliche Darlegung der Rechtslage ist im Rahmen dieses Buchs nicht möglich. Dieser Abschnitt soll aber den Gartenteichfreund auf die Frage der Verkehrssicherungspflicht aufmerksam machen. So sollten Sie wissen, daß man nicht nur die Sicherheit der eigenen Kinder im Augen behalten, sondern in bestimmten Fällen auch Sicherungsmaßnahmen zum Schutz fremder Kinder und Erwachsener treffen muß.
Es besteht eine allgemeine Verkehrssicherungspflicht, insbesondere gegenüber Kindern. Das bedeutet, daß jeder Grundstückseigentümer oder -mieter wirksame und auf Dauer angelegte Schutzmaßnahmen ergreifen muß, um Kinder vor den Folgen ihrer Unerfahrenheit und Unbesonnenheit zu schützen, wenn ihm bekannt ist, daß diese immer wieder sein Grundstück zum Spielen benutzen und ihnen hierdurch Schaden droht.
Der Reiz, der für Kinder von einem Gartenteich ausgeht, ist groß. In kalten Jahreszeiten kommt hinzu, daß die gefrorene Oberfläche eines Teichs beim möglicherweise auch nur versehentlichen Betreten bricht und ein Kind dabei ins Wasser fällt. (Ein Tip: Lassen Sie neben einem größeren, zugefrorenen Teich immer eine längere Holzleiter liegen. Sie kann ein ideales Rettungsgerät sein, falls trotz aller Vorsicht und Schutzmaßnahmen etwas passiert.) Für Gartenteichbesitzer heißt das: Liegt der Gartenteich in einem umzäunten Gartengelände, so darf sich der Gartenteichbesitzer in der Regel darauf verlassen, daß Unbefugte nicht in sein Gelände eindringen werden. Ein Verschulden liegt dann nicht vor. Ist aber der Gartenteich beispielsweise in einem nicht eingezäunten Vorgarten gelegen oder ist dem Gartenteichbesitzer bekannt, daß Kinder trotz Ermahnungen und Verboten immer wieder in seinen Garten eindringen, um am Teich zu spielen, so hat er die notwendigen – wirtschaftlich zumutbaren – Vorkehrungen gerade zum Schutz von Kindern zu treffen.
Der Abschluß einer Haftpflichtversicherung empfiehlt sich in jedem Fall. Diese muß sich natürlich auch auf den Gartenteich beziehen. Sie sollten sich daher von Ihrer Versicherungsgesellschaft schriftlich bestätigen lassen, daß der Gartenteich in die Versicherung miteinbezogen ist.

Zum Bild:
Attraktion Wasserfall. Er wurde als »Quelle« für einen Bachlauf angelegt und fällt munter plätschernd über schwere Natursteine. Die hohe Luftfeuchtigkeit, die durch das zerstäubende Wasser entsteht, ist für das Wachstum vieler Pflanzen ideal.

PRAXIS
Teich abdichten

Folienteich anlegen
Verwenden Sie zum Abdichten Ihres Teiches nur die spezielle Gartenteichfolie. Bei diesen Folien geben die Hersteller über viele Jahre Garantie für die speziellen Eigenschaften, die eine gute Teichfolie auszeichnen. Sie garantieren zum Beispiel, daß die Folie UV-beständig ist, außerdem wurzelfest, reißfest, hitze- und frostbeständig, verrottungsfest und frei von Substanzen, die Tieren oder Pflanzen schaden könnten.
Völlig ungeeignet sind sogenannte Bautrennfolien, die beim Hausbau zum Abdichten des Fundaments verwendet werden.

Einlegen der Folie
Zeichnung 1
Nachdem Sie die Teichgrube ausgehoben haben, entfernen Sie aus ihr, soweit vorhanden, alle scharfkantigen Gegenstände wie Nägel, Steine oder vergrabenen Bauschutt. Die scharfen Kanten größerer, festsitzender Felsbrocken so bearbeiten, bis sie einigermaßen abgerundet und glatt sind.

Um die Folie vor Beschädigungen von unten zu schützen, ist es ratsam, die Teichgrube mit einem Schutzvlies (im Garten- oder Zoofachhandel erhältlich) auszukleiden. Bei steinigem, felsigem oder hartem Untergrund zuerst eine 5 bis 10 cm dicke Schicht Sand aufschütten und dann das Vlies darüberlegen.
Anschließend die Folie so in der Teichgrube ausbreiten, daß sie rundum etwa 30 cm weit über den Teichrand reicht.
Sofort nach dem Einlegen der Folie ganz langsam Wasser einlaufen lassen, bis der Teich zu drei Viertel voll ist. Das Wasser drückt die Folie in die Teichgrube. Während das Wasser einläuft, Falten glätten oder so legen, daß sie später optisch nicht stören. Es ist nicht nötig, die Falten vollständig zu beseitigen, da sie die Haltbarkeit der Folie nicht beeinträchtigen. Um kleine Korrekturen am Teichprofil auszuführen, die Folie am Rand hochheben und mit Hilfe von Sand oder Erde fehlerhafte Stellen ausbessern. Für größere Korrekturen müssen Sie einen Teil des Wassers abpumpen.

Folie am Teichrand befestigen
Zeichnung 2
Am nicht begehbaren Teichrand ist es nicht unbedingt nötig, das Ufer zu befestigen, hingegen ist es wichtig, die Folie so zu verlegen, daß das Folienende nach oben weist. Dadurch wird verhindert, daß der angrenzende trockene Gartenboden dem Teich Wasser entzieht.

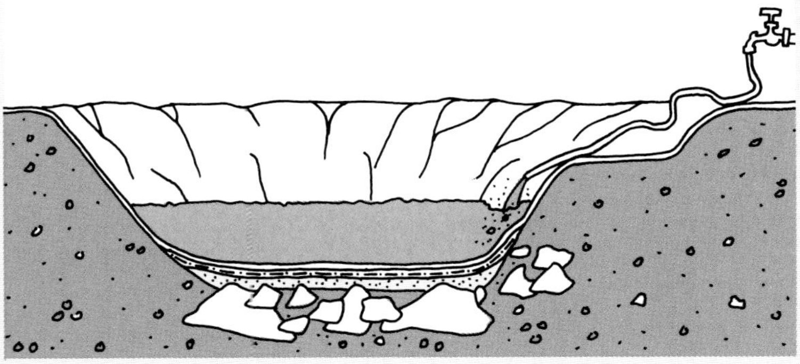

1 Abdichten mit Folie. Aus der Teichgrube alle scharfkantigen Gegenstände entfernen. Bei felsigem Untergrund vor dem Einlegen der Folie eine Schicht Sand aufschütten und Schutzvlies darüber legen.

2 Teichfolie so verlegen, daß das Folienende nach oben zeigt; so kann dem Teich kein Wasser entzogen werden.

3 Viel begangene Stellen am Teichrand müssen befestigt werden, zum Beispiel mit Steinen.

Ufer befestigen
Zeichnung 3
Das Ufer am begehbaren Teichrand muß befestigt werden, zum Beispiel mit Hilfe von Steinen. Um Beschädigungen der Folie zu vermeiden, die Steine mit einem Schutzvlies bedecken. Die Folie darüberziehen und sie so im Erdreich vergraben, daß das Folienende nach oben zeigt. Gut geeignet für die Uferbefestigung sind auch Kant- oder Rundhölzer.
Werden Steinplatten am Teichrand verlegt, zwischen Platten und Folie unbedingt ein Schutzvlies legen oder eine etwa 5 cm hohe Sandschicht aufschütten.

4 | *Das Fertigbecken an den vorgesehenen Platz stellen und mit Hilfe von Senklot und Wasserwaage die Teichform markieren, ringsherum 50 cm dazugeben, den Platz braucht man später zum Einschlämmen.*

Fertigteich anlegen

Die Auswahl an Kunststoff-Fertigteichen ist groß. Die Formen lassen kaum Wünsche offen, von rechteckigen Formen über runde, ovale bis hin zu L- und nierenförmigen Becken ist im Fachhandel alles zu finden. Die Größe der Fertigteiche reicht von Becken mit einem Fassungsvermögen von 1000 l bis hin zu großen, aus Teichelementen zusammengesetzten Anlagen, die mehrere tausend Liter fassen. Gute Hersteller garantieren, daß das Material unschädlich für Pflanzen und Tiere ist, außerdem UV-, verrottungs- und frostbeständig sowie schlagfest.

Teichform abstecken

Zeichnung 4

Falls der Hersteller zum Abstecken der Teichform nicht eine spezielle Schablone mitliefert, müssen Sie mit Hilfe eines Senklots oder eines großen Winkeleisens die Form abstecken. Auf allen Seiten etwa 50 cm dazugeben, damit Sie später Platz zum Einschlämmen haben.

Fertigbecken einsetzen

Zeichnung 5

Beginnen Sie beim Ausheben mit der tiefsten Stelle des Beckens. Dabei soll die Teichgrube etwa 15 cm breiter und 5 bis 10 cm tiefer sein als die jeweiligen Beckenausbuchtungen. Schütten Sie in die tiefste Mulde eine 5 bis 10 cm hohe Schicht aus feuchtem Sand. Die Schicht mit einer Maurerkelle glätten und festklopfen. Das Becken einsetzen und die Oberkante waagerecht ausrichten. Anschließend sofort Wasser langsam einlaufen lassen und die Hohlräume rund ums Becken einschlämmen, damit das Becken später nicht einsinkt oder sich zur Seite neigt. Eingeschlämmt wird so: Die Zwischenräume rund um die tiefste Beckenzone mit Sand füllen, Sand mit einem Brett festdrücken. Zum Verdichten des eingebrachten Sandes langsam Wasser darauf fließen lassen. Anschließend Zug um Zug in die übrigen Zwischenräume langsam abwechselnd Sand und Wasser schütten.

Nicht begehbarer Teichrand

Zeichnung 6

Hier genügt es, eventuell vorhandene Rasensoden am Rand zu plazieren oder den Rand mit Bodendeckern, Ziergräsern oder Stauden zu bepflanzen.

Begehbarer Teichrand

Zeichnung 7

Als Uferbefestigung eignen sich Steine gut. Schichten Sie sie in der Art einer Trockenmauer auf und füllen Sie die Zwischenräume mit Sand oder Erde. Gehwegplatten oder Natursteine darüberlegen.

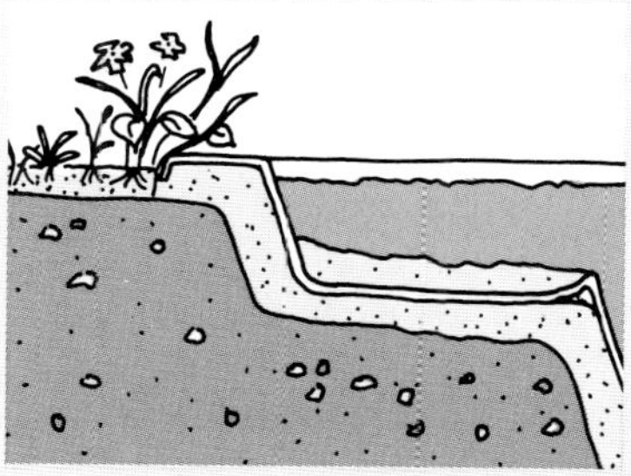

6 | *Beim nicht begehbaren Teichrand ist eine Uferbefestigung nicht nötig.*

5 | *Teichmulde ausheben, Becken waagerecht einsetzen und mit Hilfe von Sand und Wasser einschlämmen.*

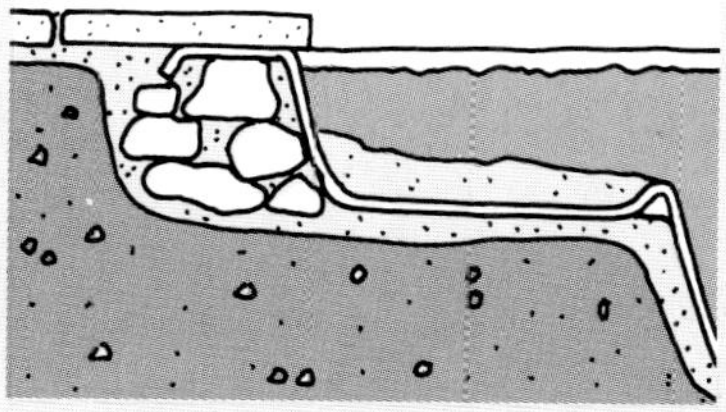

7 | *Beim begehbaren Teichrand Beckenrand mit Steinen abstützen.*

Ein Wasserlauf, der von Teich zu Teich führt. Er ist auf verschiedenen Ebenen durch Holzbalken gestaut und fließt in weiten Bögen durch den Garten. Die verschwenderische Fülle der Pflanzen mit den traumhaft blühenden Taglilien im Vordergrund zeigt, daß ein Könner am Werk war.

Der Bachlauf im Garten

Ein vielbesungenes Motiv in der Romantik ist der Bach. Das liegt daran, daß die Natur Eingang in die Musik und Literatur fand und die Dichter und Komponisten im fließenden Wasser sowohl die Stetigkeit als auch die Sehnsucht nach der Ferne versinnbildlicht sahen. Heute, wo die Natur immer mehr ins Hintertreffen gerät, sollten wir ihr den Eingang in unseren unmittelbaren Lebensbereich nicht verwehren. Und da ist gerade ein Bachlauf in seiner Wirkung geeignet, ein ganz besonderes »Stück Natur« in den Garten zu bringen.

Für welchen Naturfreund sind das fröhliche Plätschern eines Gebirgsbachs oder das leise Murmeln eines Bächleins, das sich durch Wiesen und Felder schlängelt, nicht wahrhaft erholsame Töne, Musik in seinen Ohren. Und ist so ein Bach, der einen bei der Bergwanderung oder auf dem Spaziergang begleitet, auch noch pflanzen- und tierreich, also naturbelassen, könnte man sich beinahe wie Franz Schuberts Müllerbursch fühlen, der zu Beginn des Liederzyklus »Die schöne Müllerin« frohgemut singt:

»Ich hört ein Bächlein rauschen
Wohl aus dem Felsenquell,
Hinab zu Tale rauschen
So frisch und wunderhell.«

Doch solche Spaziergänge zu unternehmen, ist heutzutage gar nicht so einfach, denn den Bächen in der Natur ist es nicht viel anders ergangen als den Weihern, Seen, Tümpeln oder natürlichen Teichen – sie sind begradigt, zubetoniert, als Abfallplatz mißbraucht oder einfach verschwunden.

Versuchen Sie doch, etwas von der vielbesungenen Schönheit und Romantik eines Bachs in Ihren Garten zu bringen, indem Sie dort einen Bachlauf anlegen. Denn auch im Garten bietet ein Bachlauf faszinierende Möglichkeiten der Bepflanzung, wirkt als biologischer Filter und ist – nicht zuletzt – Lebensraum für viele Tiere. Praktische Tips finden Sie auf den folgenden Seiten.

Die Bäche in der Natur

In der Natur gleicht kein Bach dem anderen. Die natürlichen Bäche, soweit sie noch nicht zum schnurgeraden Wassergraben degradiert wurden, sehen so unterschiedlich aus wie die Landschaften, die sie durchfließen.

Auch die verschiedenen Bachabschnitte zwischen Quelle und Mündung zeigen bei jedem einzelnen Bach immer wieder ein neues, ganz individuelles Bild der Tier- und Pflanzenwelt.

Alle Bäche haben drei Merkmale gemeinsam: das Wasser, das in ihnen abwärts fließt, die Quelle, die den Beginn ihres oberirdischen Laufs darstellt, und die Mündung, das Ende jeden Bachs. Hineinfließen kann ein Bach in einen Fluß oder in ein stehendes Gewässer, aber auch einfach im Erdboden verschwinden, sich unterirdisch seinen Weg suchen und nach einer Weile wieder auftauchen oder sich mit dem Grundwasser vereinen.

Ganz grob lassen sich zwei Bachtypen unterscheiden:
Der Bergbach wird gekennzeichnet sowohl durch ein starkes Gefälle als auch steinigen Untergrund in seinem Bett, was die hohe Fließgeschwindigkeit bewirkt. Es gibt ihn in unterschiedlichen Formen, zum Beispiel als Hochgebirgsbach, Mittelgebirgsbach oder Gletscherbach.
Der Wiesenbach zeichnet sich durch geringes Gefälle und einen sandigen bis kiesigen Grund aus. Auffallend sind die oft sehr ausgeprägten Bachwindungen (Mäander). Da das geringere Gefälle eine niedrigere Fließgeschwindigkeit bewirkt, kommt es bei der Umgehung von Hindernissen zu dieser verstärkten Ausbildung. Man sagt, der Bach mäandriert. Andererseits kann der Bach etwa durch Schneeschmelze oder starke Regenfälle eine höhere Fließgeschwindigkeit entwickeln, gleichzeitig sich selbst Hindernisse in den Weg legen, zum Beispiel Baumstämme, die er dann ebenfalls umfließen muß.
Für Länge und Breite eines Bachs gibt es keine kennzeichnenden Merkmale. Die Länge eines Bachs läßt sich kaum messen, da er oft streckenweise unterirdisch verläuft, die Breite reicht von einem Rinnsal bis zu einem Meter und mehr. Bei breiten Bächen ist die Abgrenzung zum Fluß sehr schwierig. Ob es ein großer Bach oder ein kleiner Fluß ist, wird von den Fachleuten anhand der Fließgeschwindigkeit entschieden.

Ohne großen Aufwand läßt sich aus Fertigteilen ein kleiner Wasserfall bauen. Die Bach- oder Wasserfall-Schalen gibt es aus Sandstein (im Bild), Keramik oder Kunststoff im Handel zu kaufen.

Vom Sinn und Gewinn des Bachs im Garten

Unabhängig davon, daß jeder, der Naturbäche mag, wenn's möglich ist, nicht zögern wird, den Bach seiner Vorstellung anzulegen, hat ein Bachlauf im Garten gleich mehrere Vorteile.

Der Bachlauf – Ergänzung oder Alternative zum Gartenteich

Gartenteiche gibt es heute schon sehr viele, denn immer mehr Gartenbesitzer finden Gefallen daran. Beim Bachlauf dagegen ist sich mancher noch nicht so recht im klaren, was daran eigentlich sinnvoll und nützlich sein soll. Vor allen Dingen können sich viele nicht vorstellen, daß sich so ein Bachlauf ganz leicht anlegen läßt und in seiner Wirkung dann tatsächlich »ein Stück Natur« in den Garten bringt.
Der Bach als biologischer Filter: Ist ein Gartenteich vorhanden, kann ein richtig angelegter Bach wirkungsvoll die Funktion eines Filters übernehmen. Er muß dann mit Hilfe einer Wasserpumpe vom Teichwasser gespeist und wieder in den Teich geführt werden. So wird das Teichwasser ständig durch den Bach transportiert. Dabei setzen sich die Abfallpartikel ab, während die im Bach lebenden Bakterien organische Abfälle in Nährstoffe verarbeiten, die von den Pflanzen sofort verwertet werden. Das bedeutet, daß der Bach als biologischer Filter das Wasser klar hält und zur Erhaltung des »biologischen Gleichgewichts« im Teich beiträgt, außerdem das Teichwasser mit Sauerstoff anreichert. So ist bei allen Teichen, vor allem aber in jenen, in denen Fische leben, ein Bachlauf sehr zu empfehlen.
Das Kleinklima am Bach: Entlang des Bachs entwickelt sich ein günstiges Kleinklima, das den Pflanzenwuchs fördert. Viele von den Pflanzen, die jetzt rechts und links des Ufers gedeihen, würden ohne Bach in Ihrem Garten kümmern.
Wenn Sie den Bach am Gemüsebeet vorbei oder, falls vorhanden, quer durch den Gemüsegarten führen, wird das günstige Kleinklima das

Wachstum erheblich ankurbeln. Jedoch Vorsicht! Es darf kein Dünger durch Regen in den Bach gelangen, sonst kommt es zur Nährstoffüberfrachtung des Teichs. Algen sind die Folge.

Auch im Steingarten macht sich ein Bachlauf sehr hübsch.

Ein Bachlauf ohne Gartenteich: Auch dieser Bachlauf funktioniert einwandfrei und kann genauso abwechslungsreich angelegt und bepflanzt werden wie ein Bach, der an einen Teich angeschlossen ist (→ Zeichnung, PRAXIS-Seite 75).

Ein Bachlauf ist so gut wie kindersicher, schon allein wegen seines geringen Wasserstands. Wer seiner kleinen Kinder wegen auf einen Gartenteich verzichten möchte, nicht aber auf Wasser im Garten, kann erst den Bach anlegen und später, wenn die Kinder größer sind, den Gartenteich. Der Platzbedarf des Teichs müßte allerdings von vornherein berücksichtigt werden.

Bachmodelle: Einen Bach kann man nicht mit einem Gartenteich vergleichen, dessen Gestaltung ja auch von bestimmten »Zwecken« abhängig ist (→ Teichmodelle wie Naturteich, Seite 18, Koiteich, Seite 29). Vielmehr lebt er, wie gesagt, von der Vielfalt; lediglich für die einzelnen Bachabschnitte, wie zum Beispiel Quelle, Wasserfall, Staustufe, Sumpfzone oder Mündung, lassen sich modellhafte Vorschläge für die Anlage machen (→ Zeichnung, PRAXIS-Seite 75).

Als Modell dienen können die beiden geschilderten Naturbachtypen, nämlich der Bergbach und der Wiesenbach. In der Regel sollte der Bachlauf im Garten den Charakter eines murmelnden Wiesen- oder Waldbachs haben, also langsam dahinfließen.

Einen 6 m langen Bach in seinem Garten ausschließlich als Bergbach anzulegen, wäre rasch langweilig. Außerdem hat solch ein Bach auch wenig Anziehungskraft für Tiere und Pflanzen, da schnell fließendes Wasser vielen sozusagen nicht behagt. Zum Beispiel könnte man aber gut einen Bachabschnitt als Gebirgsbach gestalten (→ Zeichnung, PRAXIS-Seite 75) und ihn durch den Steingarten führen. Dort paßt er in die »Landschaft«.

Bachtypen in der Natur.
Oben: Wiesenbach im Spessart. Er ist noch naturbelassen und fließt in leichter Hanglage über mehrere Staustufen.
Unten: Im flachen Gelände gräbt sich der Wiesenbach in vielen Windungen (Mäandern) sein Bett.

Praktische Tips fürs Anlegen eines Bachlaufs

Die große Vielfalt der natürlichen Bäche kann bei einem Bachlauf im Garten natürlich nur Vorbild bleiben. Je einfühlsamer man sich daran orientiert, desto schöner und erlebnisreicher wird der Bachlauf im Garten. Wohlgemerkt, es geht nicht ums Nachahmen der Natur, das würde sowieso nicht gelingen, sondern um das Erfassen der vielen individuellen Merkmale, die einen Bach ausmachen. Dazu gehört zum Beispiel, daß Bachufer und -bett reich gegliedert sein sollten. Kleine Erweiterungen oder Einbuchtungen bis hin zum meterbreiten Sumpfbereich entlang des Ufers, Staustufen, Steine, Kies im Bachbett oder unterschiedliche Tiefen machen dem Wasser sozusagen »Beine«, verleihen ihm Lebendigkeit und beeinflussen die Fließgeschwindigkeit. In den Buchten, hinter Steinen und Wurzeln kann das Wasser zur Ruhe kommen; und gerade diese Ruhezonen sind lebenswichtige Bereiche für die Pflanzen- und Tierwelt des Bachs.

Die Planung des Bachlaufs

Zettel, Bleistift, ein langer Gartenschlauch oder ein langes Seil als Planungshilfe sind beim Bachanlegen genauso gefragt wie beim Gartenteich.

Die Bachlänge: Soll der Bach die Funktion eines biologischen Filters übernehmen, sind – als Faustregel – pro 1000 l Teichwasser 1,5 m Bachlänge zu veranschlagen. Da beispielsweise ein 6-m^2-Teich etwa 4000 l Wasser enthält, müßte der Bach also 6 m lang sein.

Ist der Bach nicht an den Teich angeschlossen, spielt die Länge keine Rolle. Zu kurz darf er allerdings nicht sein, sonst fließt das Wasser nicht richtig. Nehmen Sie als Richtwert 5 m und mehr.

Der Bachverlauf: Wahrscheinlich wird Ihr Bach länger, als hier angegeben. Hat man nämlich einmal angefangen, den Bachverlauf zu markieren, stellt sich am Ende heraus, daß selbst in kleinen Gärten ein langer Bach Platz findet. Sie brauchen ihn nur am Zaun entlang, in S-Schlingen

Romantik am Fuße der Schwäbischen Alp. Auf der Wiese, durch die sich der Bach schlängelt, wachsen noch viele Blumen, zum Beispiel die Sumpf-Dotterblume, die auch im Garten am Bachufer sehr gut gedeiht, das Wiesenschaumkraut und die rote Lichtnelke.

Bachläufe im Garten. Die beiden kleinen Wasserfälle bilden jeweils den Anfang und sind reich mit Farnen bepflanzt. Auch Gartenblumen fühlen sich hier wohl oder Moos, das mit seinem satten Grün die Steine überzieht.

um Bäume herum oder in weitgeschwungenen Mäandern über den Rasen zu führen. Probieren Sie es einfach mal mit dem Gartenschlauch und/oder einem langen Seil aus. Sie werden sich wundern, was da an Bachmetern zusammenkommt, ohne daß es Ihnen zuviel erscheint.
Bachbreite und Bachtiefe: Nehmen Sie Ihren Spaten als Meßlatte. Idealer Mittelwert für das Bachbett ist: 1 Spaten tief (etwa 25 cm) und 2 Spaten breit (etwa 50 cm) anzulegen. Mit diesen Maßen kommen Sie in jedem Garten zurecht. Breitere Bäche finden wegen der notwendigen Bachwindungen nur in großen Gärten Platz. Schmalere Bäche funktionieren noch gut bis zu einer Breite von 30 cm, darunter wird's ein Rinnsal, in dem sich das Wasser nur schwer bewegen läßt. Diese Maßangaben sind Richtwerte.
Das Bachwasser wird zwar mit einer Pumpe in Bewegung gesetzt, seine Lebendigkeit und die gewünschte langsame Fließgeschwindigkeit erhält es jedoch durch

- unterschiedliche Wassertiefen – Bachbett gleich mit unterschiedlichen Tiefen anlegen oder Füllmaterial in unterschiedlicher Höhe einbringen;
- Hindernisse mitten im Bachbett – Steine einlegen;
- Verengungen – streckenweise Gitterkörbe mit Pflanzen oder Steine rechts und links versetzt am Ufer ins Wasser setzen;
- Erweiterungen des Bachbetts – stellenweise flache kleine und größere Sumpfzonen (→ Zeichnungen, PRAXIS-Seite 74) oder Ausbuchtungen (Miniteiche) mit einem Durchmesser von mehr als 1 m anlegen.

Selbst der kleinste Bachlauf im Garten läßt sich vielfältig bepflanzen, hier zum Beispiel mit Kandelaberprimeln (Primula pulverulenta).

Beim Anlegen zu bedenken

Für die Erdarbeiten brauchen Sie zwar keinen Bagger, dafür viel Zeit, denn je sorgfältiger Sie Ihren Bach »modellieren«, desto besser wird er funktionieren und umso mehr Freude werden Sie an ihm haben.
Neben den nachfolgenden grundlegenden Dingen sind die informativen Zeichnungen und präzisen Anleitungen auf den PRAXIS-Seiten 74 und 75 für Sie wichtig.
Das Gefälle: In den meisten Gärten wird es nötig sein, ein Gefälle für den Bach zu schaffen. Es muß gar nicht groß sein, da der Bachlauf ja kein Wasserfall werden soll.
Anhaltspunkte bieten folgende Werte: Auf einer Länge von 1 m genügt ein Gefälle von etwa 1 bis 2 % (= 1 bis 2 cm pro m), das heißt, bei einer Bachlänge von 6 m ist ein Gefälle von 50 cm ausreichend (gerechnet auf die gesamte Länge).
Anlegen des Gefälles: Ein einfaches Aufschütten von Erde ergibt keine solide Grundlage für ein Bachbett. Vielmehr sollte das Gefälle in mehr oder weniger langgestreckten, unterschiedlich hohen Stufen angelegt sein, die mit Hilfe von Latten, Kant- oder Rundhölzern oder Steinen gestützt werden.
Der Höhenunterschied sollte keineswegs gleichmäßig auf die gesamte Bachlänge verteilt werden. Sinnvoll ist es, die ersten Stufen (nach der Quelle) steil anzulegen (Wasserfall, Überlaufbecken, Staustufen), und den Bach dann in Mündungsnähe flach »ausschlängeln« zu lassen (→ Zeichnung, PRAXIS-Seite 75).
Abdichtungsmaterialien: Teichfolie oder geformte Fertigteile, sogenannte Bachschalen, aus Kunststoff beziehungsweise aus Natursteinen. Schalen und Folie lassen sich gut miteinander kombinieren.
Falls Sie Folienbahnen miteinander verkleben müssen, beachten Sie

unbedingt die Gebrauchsanweisung des Klebemittels (Mittel im Zoo- und Gartenfachhandel erhältlich).

Füllmaterial: Das mit Folie ausgekleidete Bachbett sollte immer mit Kies und Steinen gefüllt sein, auch in die einzelnen Bachschalen sollten Sie einige Steine geben. Geeignete Füllmaterialien sind Kies (Körnung 5 bis 7 mm), Waschbetonriesel, Quarzkies (erhältlich im Zoo-, Garten- und Baustoff-Fachhandel). Keinen Kalkriesel verwenden, da er den pH-Wert unerwünscht in die Höhe treiben kann. Pro Meter Bachlänge brauchen Sie etwa 25 kg Füllmaterial.

Uferbefestigung: Sie ist vor allem wichtig bei den Anböschungen fürs Gefälle und an Bachbiegungen, da dort die Erde leicht wegbricht. Steine, dicke Flußkiesel oder Rundhölzer eignen sich gut dafür.

Wasserpumpe: Pumpen mit Literleistungen zwischen 360 l (6 Watt) und 2000 l (19 Watt) reichen völlig aus. Auch Niedervoltpumpen eignen sich gut für den Bachbetrieb.

Pumpen mit höherer Literleistung (zum Beispiel Springbrunnenpumpen) sollten Sie nicht verwenden. Sie lassen den Bach zu schnell fließen, denn die Fließgeschwindigkeit hängt nicht nur vom Gefälle und der Gestaltung des Bachbetts ab, sondern auch von der Menge des mitgeführten Wassers.

Der Bachlauf im Garten soll langsam fließen, da ein schnell fließender Bach die für den Gartenteich nützliche Filterwirkung nicht entfalten

Wie ein kleiner Wildbach wirkt dieser künstlich geschaffene Bachlauf. Das Wasser sucht sich zwischen Findlingen seinen Weg.

kann. Auch wenn kein Teich vorhanden ist, werden sich in einem schnell fließenden Bach Pflanzen und Tiere nicht wohlfühlen. Der Bachlauf im Steingarten ist ein Spezialfall; er benötigt stärkere Pumpen.

Die Quelle: Die Quelle wird entweder aus dem Gartenteich gespeist beziehungsweise beim Bachlauf ohne Teich aus einem Quellstein oder einem Wasserspeier, die mit Hilfe eines Gartenschlauchs mit der Pumpe verbunden sind.

Die Mündung: Münden kann der Bach in den Gartenteich, am besten über einen kleinen Wasserfall, der noch einmal Sauerstoff ins Wasser bringt. Wenn kein Teich da ist, mündet er in eine Auffanggrube. Hier befindet sich die Pumpe, die über den angeschlossenen Gartenschlauch das Wasser wieder zur Quelle transportiert. Statt einer einfachen Wasserpumpe kann auch ein Bioteichfilter mit integrierter Pumpe (Leistung der Pumpe wie beschrieben) verwendet werden. Durch das stetige Fließen des Bachs werden nämlich laufend Staubpartikel zur Mündung transportiert. Die einfache Wasserpumpe verfügt zwar über einen »Flusenfilter«, doch der verstopft leicht, und die Literleistung sinkt dann rapide ab. Der Bach führt so immer weniger Wasser, weshalb ich den Einsatz eines Bioteichfilters empfehle, der mit seiner großen Oberfläche ein Zusetzen weitgehend verhindert. Als Füllung eignen sich Keramikröhrchen (aus dem Zoofachhandel).

Pflege: Der Bach sollte den Sommer über Tag und Nacht durchlaufen, wobei er keiner besonderen Pflege bedarf. Im Herbst wird er stillgelegt, die Pumpe aus Teich oder Auffanggrube genommen, Pflanzen werden gekürzt oder ausgelichtet, eventuell vorhandene Fische ins Aquarium oder den winterfesten Teich gesetzt.

Im Frühjahr muß das Füllmaterial mit einem kräftigen Wasserstrahl durchgespült werden. Nach Anschluß der Pumpe läuft der Bach wieder fröhlich plätschernd über viele Monate. Ist der Bach am Teich angeschlossen, sollten Sie das Teichwasser nach dem Frühjahrsputz zu ⅓ austauschen, um das schmutzige Bachwasser zu entfernen.

Oben: Das Wollgras (Eriophorum) wird je nach Art bis zu 60 cm hoch. Es darf nicht im Wasser stehen und sollte als Pflanzerde ein Sand-Lehm-Torf-Gemisch vorfinden.

Unten: Das Schwimmende Laichkraut (Potamogeton natans) ist ein natürlicher Nahrungskonkurrent von Algen. Da es stark wuchert, muß es regelmäßig ausgelichtet werden.

Pflanzen für den Bach

Bachrand und -bett bieten viel Platz für attraktive Pflanzen. Am trockenen, feuchten oder sumpfigen Rand setzen Sie die Pflanzen direkt in die Erde, ins Bachbett kommen sie in schmalen, längeren Gitterkörben.

Während am trockenen oder feuchten Bachrand beziehungsweise in den angelegten kleinen oder größeren Sumpfzonen alle Pflanzen möglich sind, die auch beim Gartenteich für diese Standortbedingungen aufgeführt werden (Pflanzenübersicht → PRAXIS-Seiten 108 und 109), sind fürs Bachbett nur solche Pflanzen geeignet, die von Natur aus in fließenden Gewässern gedeihen, dazu gehören zum Beispiel die Sumpfkalla *(Calla palustris)* mit ihrem hübschen weißen Hochblatt (Vorsicht, die Früchte der Kalla, die roten Beeren, sind giftig), außerdem die unermüdlich blühende Sumpf-Dotterblume *(Caltha palustris)*, das Pfennigkraut *(Lysimachia nummularia)*, das anspruchslose Pfeilkraut *(Sagittaria sagittifolia)*, das ein wirkungsvoller Algenkonkurrent und Sauerstofflieferant ist, oder die Bachbungen-Ehrenpreis *(Veronica beccabunga)*, die dekorative leuchtend blaue Polster bildet.

Abdichten des Bachlaufs und Befestigung der Ufer

Nachdem Sie Bachgefälle und Bachbett angelegt haben (→ Seite 71), wird der Bach abgedichtet. Teichfolie ist am besten dafür geeignet. Berechnen Sie zunächst den Folienbedarf: Um die Breite zu messen, einen Gartenschlauch quer ins Bachbett legen, die Schlauchlänge ausmessen und für die Befestigung der Folie am Rand 2 x 30 cm = 60 cm hinzurechnen. Anschließend mit Hilfe des Gartenschlauchs die Bachlänge ermitteln. Zählen Sie dabei gut 1 m dazu.

1| *Abgedichtet wird das Bachbett mit Hilfe von Teichfolie. Als Füllmaterial eignen sich kleinkörniger Kies und größere Kieselsteine.*

2| *Eine Sumpfzone am Bach schafft zusätzlichen Lebensraum für Pflanzen und Tiere.*

Zuschneiden und Verbinden der schmalen Folienbahnen übernehmen die meisten Folienhersteller gegen einen geringen Aufpreis. Wollen Sie die Bahnen selbst verkleben, lassen Sie sich unbedingt vom Fachhändler die Anwendung der speziellen Klebemittel erklären und halten Sie sich außerdem genau an die Gebrauchsanweisung. Diese Mittel sind nämlich bei unsachgemäßer Anwendung gesundheitsgefährdend.

Ufer befestigen, Folie verlegen und Füllmaterial einbringen
Zeichnung 1
Bevor Sie die Folie verlegen, sollten Sie mit Steinen oder senkrecht in die Erde gegrabenen Rundhölzern das Ufer befestigen. Sehr wichtig ist die Uferbefestigung vor allem bei den Anböschungen für das Gefälle und an Bachbiegungen, da dort die Erde leicht wegbricht.
Dann die Folie ins Bachbett legen und das Füllmaterial (Kies der Körnung 5 bis 7 mm, Waschbetonriesel oder Quarzkies) einbringen. Pro Meter Bachlänge benötigen Sie etwa 25 kg Füllmaterial. Das Bachbett wird soweit aufgefüllt, daß die Pflanzkörbe später mit dem oberen Rand im Füllmaterial verschwinden.
Lassen Sie den Bach erst einmal zur Probe fließen, bevor Sie die Folie am Rand befestigen. Pumpen Sie Wasser in den Bach und beobachten Sie die Fließgeschwindkeit. Der Bach soll langsam fließen – durch Erweitern des Bachbettes können Sie die Fließgeschwindigkeit drosseln, durch Vertiefen des Bettes läßt sie sich erhöhen.
Zum Schluß die Folie über die Uferbefestigung ziehen und am Bachrand so im Erdreich vergraben, daß das Folienende nach oben zeigt. Nun noch die Pflanzkörbe mit den Bachpflanzen einsetzen und einige katzenkopfgroße Kieselsteine ins Bachbett legen.

Kleine Sumpfzone anlegen
Zeichnung 2
Erweitern Sie an einigen Stellen das Bachbett und grenzen Sie den erweiterten Bereich mit Steinen ab. So entstehen kleine Sumpfzonen, die vom Wasser nur sanft durchströmt werden und die damit zu Rückzugsgebieten für Amphibien und anderen Tieren werden. Die kleinen Sumpfzonen mit Erde füllen und Sumpfpflanzen einsetzen.

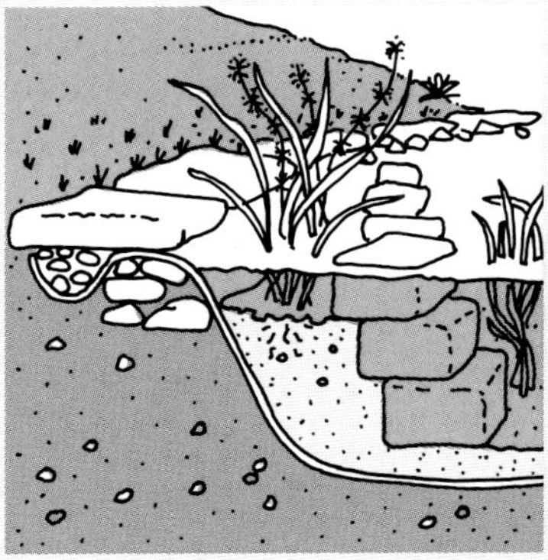

3| *Natursteinplatten entlang des Bachrands sehen sehr dekorativ aus. Wenn der Rand begehbar sein soll, müssen Sie unter den Platten eine stabile Unterlage aus Steinen anbringen.*

Randgestaltung mit Natursteinplatten
Zeichnung 3
Vor allem an häufig begangenen Stellen des Bachrands können Sie Natursteinplatten verlegen. Damit die Platten nicht einsinken, ist ein Unterbau aus Steinen oder Rundhölzern nötig. Um eine Beschädigung der Folie zu vermeiden, zwischen Platten und Folie ein Schutzvlies legen.

Modell eines Bachs ohne Teich
Zeichnung 4
Am höchsten Punkt des Gefälles beginnt der Bach, bildet einen Wasserfall, wird dann durch ein S-förmiges Bachbett geführt und endet in einem großen, etwa 30 cm tiefen Sumpfbeet, aus dem das Wasser dann in eine Fanggrube fließt. In der Grube, die etwa 70 cm tief und mit einem Gitter abgedeckt sein sollte, befindet sich

die Pumpe, die das Wasser aus der Grube mit Hilfe eines Gartenschlauchs wieder zum Bachanfang pumpt.
Um dem Bach Frischwasser zuführen, beziehungsweise um verdunstetes Wasser ergänzen zu können, verlegt man vom Wasseranschluß zum Bach einen zusätzlichen Gartenschlauch, den man mit einem Wasserspeier kombinieren kann.
Die erste Teilstrecke der Bachanlage hat ein stärkeres Gefälle und wird angelegt wie der große langgestreckte Wasserfall, der auf den PRAXIS-Seiten 92 und 93 ausführlich beschrieben wird. Nach dem Wasserfall schlängelt sich das Bachbett mit langsam geringer werdendem Gefälle bis zum Bachende, das bei diesem Modell ein Sumpfbeet ist, aber genauso gut ein Gartenteich sein könnte.

Bergbach anlegen
Zeichnung 5
Einen Bachlauf über seine gesamte Länge als Bergbach anzulegen, wäre wenig sinnvoll, da das Wasser viel zu schnell darin fließt und der Bach damit keine Filterwirkung hätte. Eine kleine Teilstrecke, am besten nach einem Wasserfall, läßt sich aber gut mit solch einer reizvollen Bachvariante versehen. Die Anlage des Bergbachs ist ganz einfach: Sie brauchen nur das Bachbett mit großen Steinen auszulegen. Die Steine bieten dem Wasser so wenig Widerstand, daß es wie bei einem Bergbach in der Natur »hindurchbrausen« kann.

Abdichten mit Lehm
Wenn Sie Ihren Bach mit Lehm abdichten, können Sie die Bachufer mit einem Weidengeflecht befestigen. Diese Art der Bachuferbefestigung hat eine lange Tradition. In der Nähe von Siedlungen wollte man damit verhindern, daß Bäche ihren Lauf in Richtung Siedlung verändern.

Uferbefestigung mit Weidengeflecht
Zeichnung 6
Weidenruten werden miteinander zu einem »Zaun« verflochten, der etwas höher ist als das Bachbett. Entlang des Bachufers wird der Weidenzaun in den noch feuchten Lehm gesteckt. Die Zwischenräume zum Ufer hin mit Reisig und Lehm füllen. Die Weiden treiben im ersten Jahr schon aus, und wachsen im Laufe der Zeit zu Büschen und Bäumen heran.
Für die senkrechten Streben können Sie zum Beispiel Birke, Erle, Salweide oder Pappel, für die waagerechten Sal- oder Korbweide verwenden. Pflegen müssen Sie diese Uferbefestigung von der Wasserseite her, das heißt, immer alles wegschneiden, was zum Wasser hin wächst. Wird von der Landseite aus geschnitten, wachsen die Bäume oder Büsche in die falsche Richtung und brechen später zum Wasser hin weg.

4 | Beispiel eines Bachlaufs ohne Teich. Der Bach endet in einer großen Sumpfzone, aus der das Wasser in die daran anschließende Fanggrube fließt. Mit Hilfe einer Pumpe und eines Gartenschlauchs wird das Wasser wieder an den Bachanfang, zur »Quelle« geleitet.

5 | Einen Teil des Bachs kann man wie einen Bergbach gestalten, am besten im Anschluß an einen Wasserfall.

6 | Die Ufer eines mit Lehm abgedichteten Bachs lassen sich mit Weidengeflecht festigen.

Gestaltungsideen rund um den Teich

Der Teich ist fertig angelegt, nun gilt es zu überlegen, wie der Teichrand aussehen soll und welchen Teil Sie befestigen wollen, damit er begehbar ist. Wenn Sie sich dabei erst einmal vor Augen führen, was für Gestaltungsmöglichkeiten es überhaupt gibt und welche Materialien und Gestaltungselemente sowohl zum Teich als auch zum Garten passen, sind Sie auf dem richtigen Weg. Schließlich soll ja das Ganze eine schöpferische Einheit ergeben. Nicht zu vergessen sind auch Brücken, Stege oder Inseln, die nicht nur praktisch sind, sondern der Teichanlage noch einmal einen besonderen Pfiff verleihen.

Teichrand – begehbar oder nicht begehbar?

Ein rundum begehbarer Teich hat sicherlich genauso seine Reize wie einer, der gänzlich von Pflanzen eingesäumt ist. Als praktisch und schön hat sich der Mittelweg erwiesen. Gestalten Sie nämlich einen Teil des Randes begehbar, können Sie das Leben im Teich aus unmittelbarer Nähe beobachten, mühelos Fische füttern und Pflegearbeiten ausführen. Indessen bleibt der andere, nicht begehbare Teil ungestörter Lebensraum für Pflanzen und Tiere.

Für den begehbaren Teichrand finden Sie auf den Fotos dieses Buchs eine Fülle von Anregungen, außerdem sind bewährte, dekorative Möglichkeiten auf den PRAXIS-Seiten 82 und 83 anhand von Zeichnungen erklärt.

Für den nicht begehbaren Teichrand bieten sich Pflanzen und Steine als Materialien für die Randgestaltung an. Gestaltungsbeispiele wie eine kleine Sumpfzone, Bepflanzung auf Böschungsmatten oder ein Steinrand beziehungsweise -wall sind ebenfalls auf zahlreichen Fotos zu sehen. Anleitungszeichnungen finden Sie auf Seite 63.

Eine Teichanlage vor dem Haus bietet viele reizvolle Gestaltungsmöglichkeiten – wie zum Beispiel ein Holzsteg, der von der Terrasse über den Teich führt.

Zum Bild:
Der hochaufgeschossene Blutweiderich und das Lampenputzergras scheinen fast ins Zimmer zu wachsen.

Materialien für die Teichrandgestaltung

Je natürlicher, desto schöner – nach diesem Motto sollten Sie bei der Auswahl der Materialien verfahren. Natürliche Materialien sind Holz und Natursteine; eine »erlaubte« Ausnahme bilden die Gehwegplatten aus Beton, die heutzutage lange nicht mehr so trist aussehen wie früher die grauen Einheitsplatten. Nachfolgend finden Sie praktische Tips für Kauf und Verarbeitung der Materialien; Gestaltungsbeispiele mit genauen Anleitungen und Zeichnungen zeigen die PRAXIS-Seiten 82 und 83.

Steine

Gemeint sind hier Natursteine, die sich ebenso vielseitig und dekorativ am Teich verwenden lassen wie Holz. Gut zu gebrauchen sind Kieselsteine, das sind vom Fluß abgerundete Steine, die es in den unterschiedlichsten Größen von 2 mm bis mehr als Kindskopfgröße gibt. Attraktiv sehen auch bearbeitete und unbearbeitete Natursteine, Findlinge und Bruchsteine aus.

Zu empfehlende Gesteinsarten sind alle Urgesteine, die keine Stoffe ans Wasser abgeben, zum Beispiel Kieselsteine, roter, grüner und schwarzer Schiefer, Sandstein, Lava, Basalt.

Nicht zu empfehlen sind Kalksteine, da sie durch den Regen ausgewaschen werden und laufend Härtebildner an die Umgebung abgeben, die das Wasser ungünstig beeinflussen.

Iris kaempferi, die Japanische Sumpf-Schwertlilie. Diese alte japanische Gartenblume gibt es heute in vielen farbenprächtigen Sorten. Sie mag Sonne und feuchten Boden und blüht je nach Sorte von Mitte Juni bis Ende Juli.

Verwendungsmöglichkeiten: Kiesel- und Natursteine eignen sich sowohl zur Befestigung des Ufers als auch zur Gestaltung des Teichrands. Eine einfache, aber sehr dekorative Teichrand-Lösung ist zum Beispiel der Steinwall: Steine aufschichten, leichtere Steine mit Silikonkleber festkleben, um ein Verrutschen zu verhindern.

Mit Bruchsteinen läßt sich ohne Mühe eine Trockenmauer anlegen, die beispielsweise ein Steilufer oder die Hangseite beim Teich in Hanglage (→ Zeichnung, PRAXIS-Seite 47) stützt. Sind die Bruchsteine mehr oder weniger gleichmäßig flach, kann man sie sogar recht gut wie Platten am Teichrand verlegen.

Was zu beachten ist: Kieselsteine gibt es landesweit in vielen Baustoffhandlungen, während die übrigen Natursteine manchmal etwas schwierig zu bekommen sind. In einigen Gegenden gibt es spezielle Natursteinvertriebe (im Branchen-Fernsprechbuch nachschauen).

In manchen ländlichen Gegenden lohnt es sich, bei den Bauern nachzufragen, ob sie Steine, die sie beim Beackern ihrer Felder eingesammelt haben, abgeben möchten.

Hinweis: Äußerst nützlich und preiswert sind die in diesem Buch mehrfach erwähnten Gitterziegel oder Porotonsteine. Diese unscheinbaren Ziegelsteine, die an jeder Baustelle zu sehen sind, haben sich zu einem universellen Hilfsmittel entpuppt. Vor allem im Teich taugen sie für vieles, vom Aufschichten einer Abgrenzung zwischen Sumpfzone und Badeteich bis hin zum Podest für die Seerosen-Körbe oder als Trittsteine. Achten Sie darauf, daß die Gitteröffnungen immer seitlich liegen, dann kann das Wasser waagerecht durchfließen. Zu bekommen sind Gittersteine in jeder Baustoffhandlung.

Pflaster

Gepflasterte Flächen im Garten haben ihren ganz eigenen Reiz, denn die kleinen Steine – sorgfältig in dekorativen Mustern oder scheinbar wahllos angeordnet – passen gut zu den am Teichrand verarbeiteten Materialien. Kombinationen mit Kanthölzern (keine Eisenbahnschwellen) oder größeren Steinen sehen apart aus. Die Auswahl ist heutzutage recht groß, Sie können wählen zwischen Natursteinpflaster, Betonpflaster, Klinker oder Holzpflaster. Ein wenig Zeit kostet die sorgfältige Verlegung ins Sandbett, dafür sind zumindest die Steine dauerhaft wasserdurchlässig und unverwüstbar.

Druckimprägniertes Holzpflaster, das aus in Scheiben geschnittenen Rundhölzern besteht, hat ebenfalls eine lange Lebensdauer.

Ein nachahmenswertes Beispiel für einen gemütlichen, gepflasterten Sitzplatz am Teich zeigt das Foto auf Seite 24/25. Die Anleitung fürs

Verlegen von Holzpflaster finden Sie auf der PRAXIS-Seite 83, in gleicher Weise wird übrigens auch das Steinpflaster verlegt.

Steinplatten

Gemeint sind Gehwegplatten und Terrassenplatten, wobei sowohl solche aus Naturstein als auch aus Betonstein in Frage kommen.

Natursteinplatten sind frostbeständig, allerdings recht teuer und beim Verlegen nicht ganz einfach zu handhaben. Man muß schon sehr sorgfältig arbeiten, um die unregelmäßig geformten Platten richtig zu verlegen.

Betonsteinplatten, die weder vom Aussehen noch vom Preis als billige Lösung angesehen werden können, sind nur im Vergleich zu Natursteinplatten preiswerter. Bei ihnen zeigt sich das Material Beton nicht von der gewohnten trostlos grauen Seite. Neben den schlichten grauen Gehwegplatten und den altbewährten Waschbetonplatten mit aufgepreßter Kiesel- oder Splitbeschichtung gibt es sogenannte Dekorplatten für Wege und Terrassen mit den unterschiedlichsten Oberflächenstrukturen und -farben. Doch nicht alles eignet sich für einen Teich, weil viele Farben und Strukturen eher auf elegante Terrassen mit geschnittenen Sträuchern in Kübeln passen als an einen bepflanzten Teich. Je größer die Fläche ist, die Sie mit Platten belegen wollen, desto schlichter sollte sie sein.

Verwendungsmöglichkeiten: Zur Gestaltung eines begehbaren Teichrands. Anwendungsbeispiele finden Sie auf den Fotos, Seiten 39, 40/41 und den Zeichnungen auf den PRAXIS-Seiten 82 und 83.

Die Unterlage für die Platten: Steinplatten brauchen eine feste Unter-

Quellsteinbecken im Atriumgarten. Die unterschiedlich großen Kieselsteine sehen zu dem geometrisch verlegten Granitsteinpflaster wirkungsvoll aus.

Oben: Überdachter Teich vor dem Wohnzimmer. Der mit Kies aufgeschüttete Randstreifen bildet mit dem Holz der Dachkonstruktion und der Wasserfläche ein harmonisches Ganzes.
Unten: Teichanlage auf kleinem Raum. Durch die abwechslungsreiche Gestaltung mit verschieden hohen Teichbecken, Stufen und Ebenen, die teils mit Holz, teils mit Natursteinen gepflastert sind, wirkt der Platz zwischen Haus und Gartenzaun größer als er ist.

lage. Je steiler das Ufer, desto stabiler muß die Unterlage sein. Zu empfehlen an Steilufern ist eine Trockenmauer aus Gitterziegeln oder mittelgroßen Kieselsteinen. Bei flacheren Ufern genügen große Steine. Wichtig: Nehmen Sie keine Platten mit geschliffener Oberfläche, sie sind spiegelglatt, sobald Wasser darauf kommt. Der Teichrand würde zur Rutschbahn und zu einer permanenten Unfallgefahr.

Eine Brücke mit einem Handlauf aus Seilen verbindet die kreisförmige Holzterrasse mit dem Garten.

Holz

Als Gestaltungselement ist Holz aus dem Garten gar nicht mehr wegzudenken. Harmonisch fügt es sich in seine Umgebung ein, weil es als naturgewachsenes Material kaum wie ein Fremdkörper wirkt, und verleiht selbst größeren »Bauwerken« wie Pergola, Pavillon oder Gartenhäuschen eine natürliche und warme Ausstrahlung. Wie attraktiv Holz auch am Teich aussieht, zeigen die Fotos auf den Seiten 23, 80 und 127 besonders eindrucksvoll.

Verwendungsmöglichkeiten: Zum Befestigen des Ufers, Gestalten des Teichrands, Anlegen von Brücken, Stegen und Wasserfällen. Praktisch, schön und vielseitig zu verwenden sind Rund- und Kanthölzer. Zum Beispiel erfüllen senkrecht in die Erde eingelassene Rundhölzer oder waagerecht verlegte Kanthölzer gleich zwei Funktionen: Durch den in der Erde befindlichen Teil der Hölzer wird das Ufer befestigt, während der mehr oder weniger große Teil über der Erde einen dekorativen Teichrand bildet, der zudem begehbar ist.

Verwendung finden diese Hölzer auch beim Bau von Brücken, Stegen oder bei der Anlage von Wasserfällen, hier vor allem als Stütz- und Tragelemente (Beispiele → Zeichnungen, PRAXIS-Seiten 82, 83 und 93).

Was zu beachten ist: In vielen Bau- und Holzmärkten oder Holzhandlungen werden Rand- und Kanthölzer, Auflagebretter für Stege und vieles mehr unter der Bezeichnung Gartenholz angeboten. In der Regel handelt es sich dabei um druckimprägniertes Holz, das auch bei andauerndem Erdkontakt eine lange Lebensdauer hat. Verlangen Sie ausdrücklich »kesseldruckimprägniertes« Holz, da dieses mit einem speziellen Verfahren behandelt wurde und sich zur Verarbeitung am Teich am besten eignet.

Zwischen Holz und Teichwasser sollten Sie aber in jedem Fall immer eine Folie anbringen, um zu vermeiden, daß im Holz enthaltene Stoffe ins Wasser gelangen. Die Trennung durch Folie ist bei allen Verwendungsmöglichkeiten leicht zu bewerkstelligen. Gut beraten sind Sie, wenn Sie beim Holzkauf nicht am falschen Ende sparen. Lassen Sie sich nicht verleiten, billiges Bauholz oder gar die von schädlichen Stoffen wie Unkrautvernichtungsmitteln oder Öl verseuchten Eisenbahnschwellen zu kaufen. Im ersten Fall müssen Sie damit rechnen, daß das Holz sehr schnell fault, wodurch zum Beispiel eine Uferbefestigung ihre Stabilität verlieren kann. Im zweiten Fall werden mit der Zeit vom Regen- oder Teichwasser Stoffe aus den Schwellen ausgeschwemmt, die Ihren Teich und vielleicht sogar das Grundwasser vergiften.

PRAXIS
Teichrand gestalten

1| *Der Holzsteg entlang des Teichrands wird mit einem Unterbau aus Kies, Sand, Kalksandsteinen und Lagerbalken abgestützt.*

Ideen und praktische Tips für die Teichrandgestaltung
Das »Tüpfelchen auf dem I« beim Teich anlegen ist die Teichrandgestaltung. Holz und Steine bieten viele Möglichkeiten, den Übergang von Teich zum Garten harmonisch zu gestalten. Ideen und Anleitungen und vor allem auch Problemlösungen für den begehbaren Teichrand an Steilufern finden Sie auf diesen PRAXIS-Seiten.

Holzsteg entlang des Teichrands
Zeichnung 1
Ein Steg muß nicht immer über den Teich führen (→ Holzbrücke, PRAXIS-Seite 92) oder in ihn hineinragen wie der Badesteg auf Seite 46. Man kann ihn genauso gut anstelle von Platten oder Steinen entlang des Teichrands verlegen. Geeignetes Holz für den Steg, die Stegplanken und die sogenannten Lagerbalken, bekommen Sie in Holz- oder Baumärkten. Dort wird das benötigte Holz auch in passender Größe zugeschnitten (Schnittstellen imprägnieren!). Kies, Sand und Kalksandsteine für den Unterbau gibt es im Baustoffhandel und Baumärkten.

Und so wird der Steg gebaut: Entsprechend der Länge und Breite des Stegs das Erdreich am Teichrand etwa 25 cm tief ausheben. Eine etwa 10 bis 15 cm hohe Kiesschicht einbringen. Ausprobieren, in welchem lichten Abstand die Lagerbalken liegen müssen. Für einen 1 m breiten Steg brauchen Sie drei Lagerbalken, wobei je einer so unter die beiden Enden der Planken gelegt wird, daß diese einige Zentimeter über das Lagerholz hinausragen, während das dritte Holz unter die Mitte der Planken kommt. Im gleichen Abstand wie die Lagerbalken als Unterlage für diese je eine Reihe Kalksandsteine auf die Kiesschicht legen. Die Zwischenräume zwischen den Steinen mit Sand auffüllen. Die Lagerbalken auflegen und die Stegplanken mit nicht rostenden Schrauben oder Nägeln aufschrauben beziehungsweise nageln.

Wer den Holzsteg nicht selber bauen will, kann fertige Stegelemente kaufen, was allerdings teurer ist als das Selbermachen.
Die Folie wird an den vorderen Lagerbalken festgenagelt und zum Schluß mit einer Holzblende verdeckt.

Randgestaltung am Steilufer
Zeichnung 2
Soll der Teichrand an einem Steilufer begehbar sein, so muß das Ufer befestigt werden. Eine einfache Methode: Sogenannte Kantensteine leicht schräg entlang des Steilufers ins Erdreich setzen. Die Folie so darüber ziehen, daß das Ende nach oben weist und zwischen Kantenstein und Folienende zum Beschweren Steine legen. Mit Hilfe von sogenannten Böschungsmatten mit Pflanztaschen (im Fachhandel erhältlich) kann das Steilufer auch bepflanzt wer-

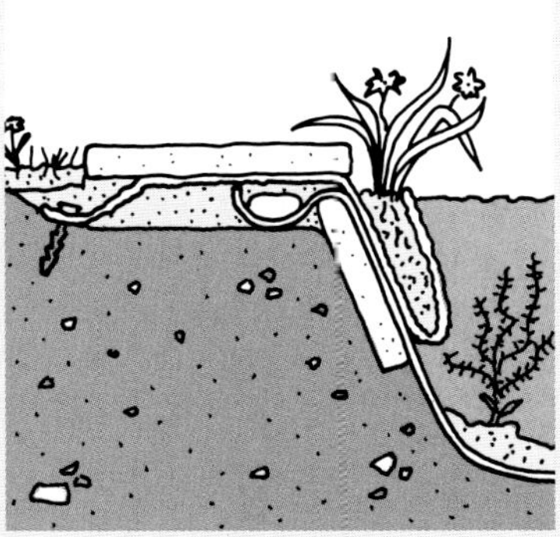

2| *Teichrand mit Steinplatten und Pflanztaschen für die Steiluferbepflanzung.*

3| *»Katzensichere« Teichrandgestaltung mit rechteckigen in den Teich ragenden Steinplatten.*

4| *Begehbarer Teichrand mit kleiner Sumpfzone, die zum Teich hin mit Steinen abgegrenzt ist.*

5 An Steilufern eine Trockenmauer anlegen, wenn der Teichrand begehbar sein soll.

6 Spalten mit Erde füllen (nicht vermörteln!), zwischen Mauer und Folie Schutzvlies anbringen.

7 Schutzvlies und Folie so über die Trockenmauer ziehen, daß das Folienende nach oben weist. Mauer mit Gehwegplatten abdecken.

den. Die Pflanztaschen werden mit Erde gefüllt und hinter der Teichfolie mit speziellen Befestigungshaken im Erdreich verankert. Gehweg- oder Natursteinplatten bilden den begehbaren Teichrand.

Der »katzensichere« Teichrand
Zeichnung 3
Vor allem an Steilufern können Katzen leicht nach den Fischen angeln. Etwa 20 cm über den Rand stehende rechteckige Steinplatten vereiteln die Fangversuche, da zum Beispiel Goldfische und Kois unter den Platten Deckung suchen.
Befestigt werden kann das Steilufer mit Hilfe von Kantensteinen (→ Zeichnung 2) oder mit einer Trockenmauer (→ Zeichnungen 5 bis 7). Damit die Platten nicht kippen, werden sie in einem Mörtelbett verlegt.

Begehbarer Teichrand kombiniert mit Sumpfzone
Zeichnung 4
An flachen Ufern reicht es, die Teichfolie mit dem Rand nach oben zu verlegen und mit einigen Steinen zu beschweren. Diese bilden eine ausreichend feste Unterlage für Steinplatten.
Eine mit Erde gefüllte Sumpfzone sollte man mit Steinen, die an der Folie festgeklebt werden (Silikonkleber), begrenzen. Wird die Sumpfzone mit Pflanzkörben bestückt, ist eine Begrenzung nicht nötig.

Uferbefestigung mit Trockenmauer
Zeichnungen 5 bis 7
Je steiler das Ufer, desto stabiler muß die Uferbefestigung sein, vor allem, wenn der Teichrand begehbar sein soll. Sicheren Halt bietet eine Trockenmauer, die aus grob behauenen Natursteinen oder Gitterziegeln anzulegen ist. Errichtet wird sie, bevor Sie den Teich mit Folie auskleiden: Das Erdreich in der Breite der Mauer (etwa 30 bis 40 cm) abgraben, schichtweise die Steine aufeinanderlegen und dabei die Spalten lediglich mit Erde füllen, auf keinen Fall vermörteln. Zwischen Mauer und Teichfolie ein Schutzvlies legen und die Folie samt Vlies, wie auf Zeichnung 7 gezeigt, so über die Mauer ziehen, daß das Folienende nach oben weist. Mauer mit Platten abdekken, zwischen Platten und Folie mehrere dicke Klebestellen aus Silikon anbringen.

Holzpflaster am Teichrand
Zeichnung 8
Wer den Teichrand pflastern möchte, kann dafür Steinpflaster, aber auch das besonders dekorative Rundholzpflaster verwenden. Ob Holz- oder Steinpflaster, beide müssen in einem 10 bis 20 cm hohen Kies- oder Sandbett verlegt werden: Für die gesamte Fläche, die gepflastert werden soll, die Erde in der Tiefe des Bettes ausheben, Sand oder Kies aufschütten und das Pflaster dicht an dicht einbetten.

8 Holzpflaster werden ebenso wie Steinpflaster am Teichrand in einem Sand- oder Kiesbett verlegt.

Am Ufer sollten Sie dabei so vorgehen: Die Folie zuerst über mittelgroße Steine ziehen und dann so legen, daß das Folienende zwischen der ersten und zweiten Pflasterreihe nach oben ragt. Um die Folie vor Beschädigungen zu schützen, zwischen Pflaster und Folie eine dünne Sandschicht schütten oder ein Schutzvlies legen.
Auf das fertige Pflaster soviel Sand mit einem Besen verteilen, bis alle Pflasterritzen damit gefüllt sind.

Wasserspiele für den Gartenteich

Wenn Wasser in Bewegung kommt, wenn es fließt und plätschert, als Fontäne in die Höhe steigt oder sanft sprudelnd dem Quellstein entspringt, strömt es für viele Menschen noch einmal soviel Faszination aus. Bewegtes Wasser, dem man zusehen und -hören kann, verleiht dem Gartenteich eine noch größere Anziehungskraft, als er sowieso schon hat. Sieht man sich das Angebot an, das unter der Rubrik Wasserspiele läuft, kann manch einer seinen Spieltrieb kaum noch bremsen. Muß er sich doch entscheiden, ob er nun den Wasserfall noch ein wenig steiler bauen soll, damit er der Illusion des »tosenden Wasserfalls« näherkommt, – oder der Frage nachgehen, ob in einem kleinen Teich Platz für einen Springbrunnen oder einen sich drehenden Wasserkreisel ist, für mehrstufige Wasserspiele mit Schaum- und Fächerdüsen, für Wasserspeier, für hauchzarte, abends beleuchtete Wasserglocken und und und... Die Liste der Möglichkeiten ließe sich noch uferlos verlängern.
Große oder kleine Wasserfälle, Wasserspiele in allen Variationen sind wunderschön, machen Spaß, und wer daran Gefallen findet, soll sie auch haben – vorausgesetzt, sie kommen im oder am Teich an den richtigen Platz.
Und das bedeutet, daß das Leben im Teich nicht gestört werden darf. Pflanzen, Fische und andere Tiere vertragen es nicht, wenn sie ständig »beregnet« werden und von einem allzu stark bewegten Wasser umgeben sind. Wenn also der Teich klein ist und nicht die Möglichkeit besteht, ein eigenes Becken anzulegen (Beispiel für solch ein Becken → Zeichnung, PRAXIS-Seite 47), muß man manchmal doch auf das gewünschte Wasserspiel verzichten. Am besten halten Sie sich an die drei folgenden Regeln:

- Kleiner Teich, kleines Wasserspiel.
- Je naturnaher der Teich, desto sanfter muß das Wasser plätschern. Ein naturnaher Teich verträgt allenfalls ein leise rieselndes Wasserspiel wie einen kleinen Wasserfall oder einen Quellstein am Teichrand.
- Wasserspiele, die das Wasser kräftig in die Höhe treiben (Springbrunnen) oder kraftvoll verwirbeln (Wasserstern), gehören nicht in Teiche mit Fischen und müssen immer weit weg von den Wasserpflanzen angebracht werden.

Wasserfall

Gleich zwei schöne Seiten hat ein richtig angelegter Wasserfall: Sein Fließen und Plätschern lädt ein zum Entspannen und Träumen, zudem bringt das herabfließende Wasser, das durch die Bewegung mit Sauerstoff angereichert wird, noch mehr davon in den Teich. Im übrigen gibt es kaum einen Teich, bei dem sich ein Wasserfall nicht verwirklichen ließe. Es liegt nämlich in Ihrer Hand, wie groß er wird, und ob er dem Teich nützt oder schadet.
Für die richtige Anlage eines Wasserfalls einige praktische Tips:

- Für jeden Wasserfall muß ein Gefälle geschaffen werden, ausgenommen bei Grundstücken in Hanglage. Das Gefälle wird treppenförmig mit Hilfe von Steinplatten, Wassertreppen-Schalen oder Bachschalen gebaut.
- Das Gefälle darf nicht zu steil sein. Mit großer Kraft und Lautstärke auf die Wasseroberfläche fallendes Wasser stört das Leben im Teich erheblich.

◁ *Vorhergehende Doppelseite: Brücke über einen Seerosenteich, der in die Kunstgeschichte einging. Claude Monet legte ihn in seinem Garten in Giverny bei Paris an und wählte ihn in vielen Bildern als Motiv, um die Veränderungen von Atmosphäre und Licht während der Tageszeiten festzuhalten.*

- Bei kleinen Wasserfällen, angelegt aus leichten Materialien (drei bis vier Gehwegplatten oder Treppenschalen aus Kunststoff), reicht es, für das Gefälle einen Erdhügel aufzuschütten und die einzelnen Stufen mit Hilfe von größeren Kieselsteinen und Erde zu unterfüttern.
- Bei Verwendung schwerer Treppensteine und bei größeren Wasserfällen ist ein stabiler Unterbau unbedingt nötig (→ Zeichnung, PRAXIS-Seite 93).
- Abgedichtet wird der Wasserfall mit Teichfolie, ausgenommen bei Verwendung von Treppenschalen.
- Dem Lauf des Wassers werden mit Hilfe von Steinen Widerstände entgegengesetzt, damit es nicht zu schnell fließt und außerdem stärker »verwirbelt« wird, wodurch es sich noch mehr mit Sauerstoff anreichert.

Dieses mit Steinen eingefaßte Blumenbeet wirkt durch drei kleine Schaumsprudler ungeheuer attraktiv.

Wasserspeier, Quellsteine und Fontänen

Diese Wasserspiele gehören zu den sanft plätschernden und sind für jeden Teich geeignet. Allerdings sollte man sie in einem Teich mit Tieren und Pflanzen nicht dauernd in Betrieb halten.
Praktisch ist es, wenn Sie solch ein Wasserspiel für den Frischwasserzulauf an die Wasserleitung anschließen. Der Betrieb mit Teichwasser (mit Hilfe einer Pumpe) ist natürlich auch möglich.
Wasserspeier: Sie gibt es in verschiedenen Materialien und in unzähligen Formen; vom Frosch aus Kunststoff oder Keramik bis hin zum Seehund aus Sandstein ist alles zu haben.
Wichtig beim Aufstellen eines Wasserspeiers: Zum Schutz der Folie ein Vlies darunterlegen und so aufstellen, daß er nicht in den Teich kippt, bei sehr schweren Figuren eine Trockenmauer unterbauen und die Figur auf senkrecht eingegrabene Rundhölzer stellen.
Kleben Sie am besten die Bodenfläche der Figur mit Silikon an, natürlich am richtigen Platz, dann kann sie nach 24 Stunden nicht mehr kippen.
Quellsteine: Das sind Mühlsteine oder mit einem Loch versehene Findlinge. Es gibt sie in unterschiedlichen Größen aus Naturstein oder Kunststoff. Vollständige Bausätze mit Quellstein, Becken und Steinen zum Auffüllen des Beckens gibt es im Handel.
Kleine Fontänen: Sie sind weniger gewaltig als Springbrunnen. Das aus nur geringer Höhe herabfallende Wasser stört das Leben im Teich kaum. Die mit einer Wasserpumpe betriebenen Fontänen sollte man auf einen Gitterziegel montieren (Silikonkleber).
Springbrunnen: In einem Teich mit Fischen, Teich- und Seerosen kann ein Springbrunnen erheblich stören, deshalb sollte er am besten in einem separaten Becken untergebracht sein. Das kostet zwar etwas mehr Arbeit und Geld, aber auf Dauer gesehen werden Sie nur so an Teich und Springbrunnen gleichermaßen Freude haben. Leicht zu handhaben sind die im Handel erhältlichen kompletten Springbrunnen-Bausätze mit Folienbecken, Pumpenschacht, Pumpe, Fontänenaufsatz und Pumpenschachtabdeckung.
Wenn Sie unbedingt einen Springbrunnen im Teich haben möchten, dann sollten Sie ihn zumindest so anbringen, daß das Wasser nicht auf die Seerosen plätschert.

Faszination Wasserspiel. Wasser, das plätschert, in die Höhe schießt, glitzernd zerstäubt oder sprudelnd über Steine hinabfällt, hat auf die Menschen schon immer eine besondere Anziehung ausgeübt. Im Gartenteich, womöglich mit angeschlossenem Bachlauf, kann da jeder seiner Phantasie freien Lauf lassen, noch dazu, wo das Angebot im Handel von einfachen Sprudelsteinen über Wasserräder bis zu ungewöhnlichen Wasserspielen kaum Wünsche offenläßt.

Oben: Wasserrad, das von einem Bach betrieben wird.
Unten: Quellstein mit Vogeltränke.

Oben: Shishi-Odoshi, ein japanisches Wasserspiel.
Unten links: Brunnen.
Unten rechts: So einen Wasserspeier, wie er früher in keinem Schloßteich fehlte, gibt es heute zu erschwinglichen Preisen im Handel.

Brücken

Brücken, seien sie auch noch so klein, üben auf die meisten Menschen eine ebenso starke Anziehungskraft aus wie Wasser. Offenbar liegt ihr Reiz nicht nur in der kürzesten Verbindung zweier Ufer, sondern vor allem darin, dem Leben und Treiben im Wasser noch ein Stückchen näher zu kommen, es aus der Vogelperspektive zu betrachten.

Ob kleiner oder großer Teich, ob schmaler oder breiter Bachlauf, der Handel bietet eine reiche Auswahl an Brücken. Vom einfachen Holzsteg über schlichte bis kunstvoll geschnitzte Holzbrücken bis hin zu italienischen Steinbrücken mit und ohne Handlauf in unterschiedlichen Größen und Breiten werden eigentlich kaum Wünsche offengelassen. Und da die Brücken meist als montagefertiger Bausatz geliefert werden, müssen Sie sich keineswegs als Brückenbauer betätigen. Wichtig ist, das Ufer so zu befestigen, daß die Brücke später sicher und ohne Gefahr des Absinkens oder Verrutschens steht (→ Zeichnungen, PRAXIS-Seite 92).

Trittsteine

Eine hübsche Alternative zu einer Brücke sind sogenannte Trittsteine. In bequemen Schrittabständen plaziert, ermöglichen Sie sich damit einen »Spaziergang im Teich« und erleichtern sich gleichzeitig beim Herbstputz manche Reinigungsarbeit, weil Sie zum Beispiel besser an die Pflanzen herankommen.

Einfache Brückenlösung. Die Holzbohlen sollen an beiden Ufern auf Steinen oder senkrecht in die Erde gegrabenen Rundhölzern aufliegen.

Einfach anzulegen sind Trittsteine bis zu einer Wassertiefe von etwa 60 cm. Zwei verschiedene Möglichkeiten für einen sicher haltenden Unterbau sehen Sie auf den Zeichnungen der PRAXIS-Seite 92.

Will man in tieferen Bereichen Trittsteine anbringen, so braucht man einen speziellen, betonierten Unterbau mit einem soliden Fundament – diese Bauweise ist aber sehr aufwendig und außerdem Sache eines Fachmanns.

Inseln

Auch dieser Wunsch läßt sich in einem Gartenteich verwirklichen – eine Insel mit Luftmatratze und Sonnenschirm darauf, zum Sonnen, Träumen und Entspannen. In größeren Teichen und nicht gerade in der Tiefwasserzone lassen sich die im Baustoffhandel erhältlichen U-Steine zusammen mit Holzplanken und Kanthölzern auch von handwerklich Ungeübten zur Traum- und Sonneninsel verarbeiten. Wie es genau gemacht wird, zeigt die Zeichnung auf PRAXIS-Seite 93.

Solche Inseln eignen sich auch gut als Enteninsel (→ Zeichnung, PRAXIS-Seite 46) oder als Sumpfbeet mitten im Teich. Für solch ein Teich-Blumenbeet benötigen Sie eine flache Kunststoffwanne, die Sie so auf einen U-Stein stellen, daß die Oberkante ein wenig unter dem Wasserspiegel liegt; nur Pflanzen einsetzen, die gern ständig mit den »Füßen« im Wasser stehen.

Einfacher Holzsteg über den Bach. Er läßt sich leicht selbst bauen aus zwei Lagerhölzern, auf die die Planken genagelt oder geschraubt werden. Wie der Steg angebracht wird, ist auf der PRAXIS-Seite 92 beschrieben.

Trittsteine aus Baumscheiben ermöglichen einen Spaziergang durch den Teich.

1 *Eine Holzbrücke, die über den Teich oder Bach führt muß an beiden Ufern fest aufliegen. Sie darf nicht wackeln oder schwanken.*

2 *Steinbrücken benötigen an beiden Ufern einen soliden Unterbau, damit sie nicht einsinken.*

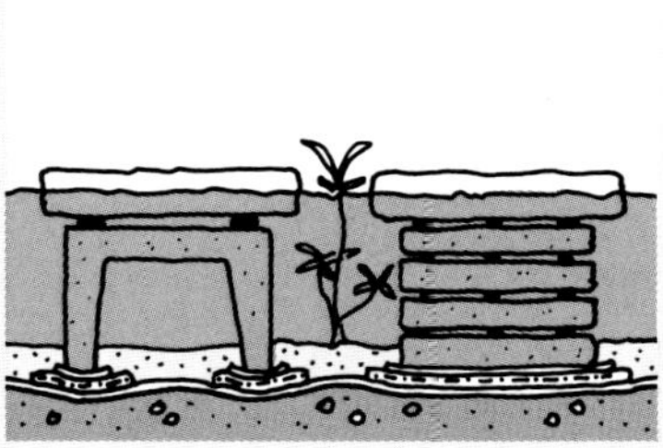

3 *In der Sumpfzone und in Teichbereichen mit einer Wassertiefe bis zu 70 cm lassen sich Trittsteine mit Hilfe eines Plattensockels oder U-Steinen leicht anbringen.*

Wie Ihr Teich noch schöner wird
Neben einer attraktiven Randgestaltung gibt es noch verschiedene andere Möglichkeiten, den Teich zu verschönern; einige dekorative Beispiele finden Sie auf diesen PRAXIS-Seiten.

Holzbrücke anbringen
Zeichnung 1
Holzbrücken gibt es in verschiedenen Längen und unterschiedlichen Ausführungen fertig zu kaufen. Anbringen muß man sie in den meisten Fällen allerdings selbst. Damit die Brücke nicht schwankt, wackelt oder gar kippt, muß sie an beiden Ufern sicher aufliegen. Eine stabile Unterlage für die Brücke bekommen Sie folgendermaßen: Eine kleine Grube graben: Breite etwas mehr als Brückenbreite, Länge etwa 40 cm, Tiefe etwa 50 cm. Zuunterst in die Grube eine dicke Sandschicht schütten, dann soweit mit Steinen füllen, daß noch Platz für ein Kantholz in Brückenbreite ist. Die Teichfolie nun so über das Kantholz und die Steine ziehen, daß das Folienende nach oben weist. Ein zweites Kantholz, ebenfalls so breit wie die Brücke, auf das untere auflegen und mit einem Rundeisen miteinander verschrauben. Damit die Brücke seitlich nicht wegrutscht, sie zusätzlich mit Hilfe von Montagewinkeln fixieren.
Zum Schluß die Brücke aufsetzen.

Steinbrücke anbringen
Zeichnung 2
Eine besonders stabile Unterlage an beiden Ufern ist bei Steinbrükken unentbehrlich. Gut dafür eignen sich U-Steine. Die Anzahl der U-Steine richtet sich nach der Brückenbreite, denn die Brücke muß auf ihrer gesamten Breite abgestützt sein. Dazu an beiden Ufern eine Grube graben, in die alle benötigten U-Steine, dicht an dicht gestellt, hineinpassen. Die U-Steine so hineinstellen, daß ihre Schenkel vom Teich weg weisen. Auf das gewünschte Niveau bringen und mit der Wasserwaage ausrichten. Nun die Grube mit Sand oder Kies auffüllen und die Folie über die U-Steine ziehen; das Ende der Folie muß nach oben weisen. Die Folie über dem U-Stein mit Schutzvlies abdecken und den mitgelieferten »Lagerstein« der Brücke daraufsetzen. Jetzt läßt sich die Brücke einpassen.

Trittsteine anbringen
Zeichnung 3
Trittsteine im Teich sind eine praktische Angelegenheit. Sie kommen trockenen Fußes in den Teich hinein und können dort bequem Pflegearbeiten verrichten oder Tiere aus nächster Nähe beobachten. Verschiedene Materialien eignen sich für die Anlage: U-Steine, aufgeschichtete und mit Silikon verbundene Gehwegplatten, Gitterziegel oder Porotonsteine. Als Trittsteine lassen sich Gehwegplatten oder roh behauene Natursteine verwenden. Damit sie sicher halten, werden sie an der Unterlage mit Silikonkleber festgeklebt. Mit Hilfe von Platten oder Steinen können Sie die Trittsteine in unterschiedlichen Höhen anlegen, allerdings keinesfalls höher als etwa 70 cm, sonst sind sie nicht mehr gefahrlos begehbar.
Wichtig: Um die Teichfolie vor Beschädigung zu schützen, unbedingt unter den Unterbau mehrere Folienreste und ein Schutzvlies legen.

Großen Wasserfall anlegen
Zeichnung 4
Am Teichrand gelegen oder als Ausgangspunkt für einen Bach (→ Seite 66) ist ein großer Wasserfall eine reizvolle Bereicherung für den Garten. Die Anlage erfordert allerdings viel Arbeit, da ein gut abgestütztes Gefälle gebaut werden muß. Soll der Wasserfall über eine Strecke von etwa 3 m fließen, muß sein Anfangspunkt 70 bis 80 cm hoch liegen.
Markieren Sie Breite, Länge und Verlauf des Wasserfalls. Er muß nicht in gerader Strecke angelegt werden; es sieht sogar schöner aus, wenn er S-förmig oder im Halbkreis verläuft. Beginnen Sie an der höchsten Stelle: Rechts und links entlang des zukünftigen Betts in größeren Abständen mehrere unterschiedlich lange Rundhölzer

4| *Ein großer Wasserfall, der zum Teich führt oder den Ausgangspunkt eines Bachs bildet, wird mit Hilfe von Rund- und Kanthölzern sowie flachen Brettern angelegt. Die Anlage muß nicht in einer geraden Strecke zum Teich verlaufen, sie kann auch S-förmig, im rechten Winkel oder im Halbkreis gebaut werden.*

jeweils zur Hälfte in die Erde treiben und zwar so, daß sie dem Gefälle entsprechend in absteigender Linie aus der Erde ragen. Am höchsten Ende des Wasserfalls als Abschluß die Rundhölzer dicht an dicht im Halbkreis anbringen oder eine Trockenmauer oder eine gemörtelte Mauer errichten.
Die Rundhölzer waagerecht mit Brettern verbinden.
Im Innern des so entstandenen Wasserfallbetts wird mit Hilfe von Erde, Kies und Holzschwellen das Gefälle stufenförmig angelegt. Beginnen Sie mit einer langgestreckten Stufe und lassen Sie die Stufen zum Teich hin immer flacher, wenn möglich, sogar breiter werden. Das Bett wird dann mit Folie ausgekleidet, die rechts und links angenagelt und am Ende mit der Folie des Teichs oder des Bachs verklebt wird (Folienkleber).
In das Folienbett Kieselsteine legen, damit das Wasser nicht zu schnell herabläuft.
Betrieben wird der Wasserfall mit Teichwasser oder dem Wasser aus der Fanggrube des Bachs (→ Zeichnung, PRAXIS-Seite 75).
Um das Wasser an die »Quelle« zu leiten, reicht ein Gartenschlauch, der im Teich oder in der Fanggrube an eine Pumpe angeschlossen ist.

Sonneninsel anlegen
Zeichnung 5
In großen Teichen gibt es Platz genug für eine Insel zum Sonnen, auf die man über eine Holzbrücke gelangen kann. Die benötigten Materialien bekommen Sie in Baubeziehungsweise Holzmärkten.
Den Unterbau für die Insel bilden U-Steine, auf die eine Lage Gitterziegel gemauert wird (Fertigbeton verwenden). Unter die Schenkel der U-Steine unbedingt Folienreste und Schutzvlies legen.
Die Insel wird aus Holzplanken, die auf Lagerhölzer geschraubt oder genagelt werden, gebaut (rostfreie Schrauben oder Nägel verwenden). Die Insel so einsetzen, daß die Lagerbalken auf den aufgemauerten Gitterziegeln ruhen.
Eine einfache Holzbrücke, die am Ufer sicher aufliegen muß, verbindet die Insel mit dem Ufer.

5| *Für eine Sonneninsel im Teich braucht man einen Holzsteg, Gitterziegel, U-Steine und Lagerhölzer.*

So grünt's und blüht's am schönsten

Pflanzen, die in und am Wasser wachsen, gibt es in Hülle und Fülle und von einer geradezu gesegneten Pracht an Blüten und Farben. Wichtig für den Teichgärtner ist, sich vorher darüber Gedanken zu machen, wo welche Pflanze am besten gedeiht. Für das Wachstum sind Licht und Wärme, aber auch Schatten von Bedeutung.

Pflanzen machen den Teich erst schön. Ohne sie wäre er nicht nur langweilig, sondern würde auch nicht funktionieren, denn Pflanzen sind wichtige Glieder in der Lebenskette des Teichs. Solange ein ausgeglichenes Verhältnis zwischen der Menge an Wasser, an Pflanzen und an Tieren besteht, wird das Leben im Teich einwandfrei vonstatten gehen. Ein Patentrezept für das ausgewogene Bepflanzen eines Teichs gibt es zwar nicht, doch kann man auf genügend praktische und auch botanische Erfahrungswerte zurückgreifen, die Ihnen helfen, die richtigen Pflanzen zu wählen.

Die Kunst eines jeden Gärtners liegt eigentlich darin, die Pflanzen so zu kennen, daß er die richtige Pflanze an den richtigen Platz setzt. Beim »Teichgärtnern« ist diese Kunst rasch erlernt, wenn man sich ein wenig Gedanken über die Lebensweise der Pflanzen macht, die in den einzelnen Teichbereichen wachsen sollen.

Wo es Pflanzen für den Gartenteich gibt

Gute Einkaufsquellen, bei denen die Auswahl an Teichpflanzen recht groß ist, sind Gartenfachhandel, Gartencenter, spezielle Wasserpflanzengärtnereien und der Zoofachhandel. Ganz bequem zu Hause aussuchen und bestellen kann man über den Pflanzen-Versandhandel. Bei den meisten Versendern können Sie einen gut bebilderten Katalog als Einkaufshilfe anfordern, manche Händler bieten sogar einen ganz besonderen Service, indem sie fertige Pflanzensortimente für verschiedene Teichgrößen anbieten. Spezielle Wünsche werden bei der Zusammenstellung des Sortiments berücksichtigt.

Ganz wichtig zu wissen: Im Bestreben, den Teich nur mit einheimischen Pflanzen zu bestücken, glauben viele Teichbesitzer, diese Pflanzen gäbe es bloß in der Natur. Doch dies ist keineswegs so: Fachleute haben über viele Pflanzengenerationen hinweg widerstandsfähige Wasser- und Sumpfpflanzen herangezogen, die in einem Gartenteich problemlos anwachsen und gedeihen. Dazu zählen auch sehr viele einheimische Pflanzen. Sie bekommen alles, was Ihr Herz begehrt – ob einheimisch oder exotisch –, im Handel oder von anderen Gartenteichbesitzern. Deshalb besorgen Sie sich auf keinen Fall die Pflanzen aus der Natur. Durch die Trockenlegung vieler Feuchtgebiete sind Vorkommen und Fortbestehen der Wasser- und Sumpfpflanzen nur noch in wenigen Gebieten gesichert. Viele Arten stehen unter Naturschutz. Sie können also mit dem Gesetz in Konflikt geraten, wenn Sie Pflanzen oder deren Samen den natürlichen Standorten entnehmen.

Praktische Tips fürs Pflanzen

Alle Teichpflanzen sind Geschöpfe des Wassers. Wind, Luft und Sonne vertragen sie nur in Verbindung mit ihrem Lebenselement. Wenn Sie also nach dem Pflanzenkauf nicht sofort zum Einpflanzen kommen, müssen Sie Ihre Pflanzen gut mit Wasser versorgen. Sumpfpflanzen mit den Wurzeln ins Wasser stellen, Unterwasser- und Schwimmblattpflanzen (Seerosen!) in einem mit Wasser gefüllten Bottich oder Eimer untertauchen. Für Schwimmpflanzen reicht eine flache Wasserschale. Planen Sie die Bepflanzung wenigstens im groben erst mal mit Zettel und Bleistift. Nichts ist ärgerlicher, als sich von der Fülle des Angebots verführen zu lassen und dann viel zu viele Pflanzen zu kaufen. Die meisten Gartenteichpflanzen sehen je nach Jahreszeit beim Kauf nämlich recht mickrig aus, entwickeln sich aber in kürzester Zeit zu prachtvollen Exemplaren, die viel Platz beanspruchen.

Teich mit Steg. Er ragt von einer schmalen Holzterrasse, die den Teichrand begrenzt, über das Wasser. Dem Rhododendron von der Sorte 'Blue Peter' bekommt die ständige Luftfeuchtigkeit besonders gut.

Pflanzdichte bei der Erstbepflanzung: Die einzelnen Zonen des Teichs werden unterschiedlich dicht bepflanzt, wobei als Faustregel gilt: Pro m^2 rechnet man in der Sumpfzone = 4 bis 6 Pflanzen; in der Flachwasserzone = 3 bis 4 Pflanzen.

- Seerosen lassen sich schon nicht mehr nach Quadratmetern berechnen. Je nach Wüchsigkeit der Sorte reichen in Teichen bis zu einer Größe von 10 m^2 3 bis 5 Seerosen; wer will, kann eine andere für diesen Bereich passende Pflanze, zum Beispiel eine Seekanne, dazusetzen.
- Überall im Teich wachsen die Unterwasserpflanzen, die wichtigen Sauerstofflieferanten (→ Seite 101). Rechnen Sie etwa 2 bis 3 Pflanzen pro m^2 der Wasseroberfläche. Da die meisten Unterwasserpflanzen stark wuchern, sollten Sie sie im Laufe des Sommers hin und wieder auslichten.
- Für eine üppige Teichrandbepflanzung auf feuchtem oder trockenem Boden können Sie 6 bis 8 kleinere Pflanzen pro m^2 rechnen, bei größeren oder starkwüchsigen Pflanzen reichen 2 bis 3.
- Verfahren Sie bei der Erstbepflanzung am besten nach dem Motto »weniger ist mehr«. Das tut Ihrem Geldbeutel gut, und dem Teich schadet es nicht, wenn Sie zu einem späteren Zeitpunkt nachpflanzen, falls sich doch Lücken zeigen.

Pflanzzeit: Gepflanzt werden kann vom Frühjahr, sobald die Wasserfläche eisfrei ist, bis zum Herbst. Das ist die Vegetationsperiode, in der die Pflanzen alles vorfinden, was sie zum Gedeihen brauchen. Anwachsschwierigkeiten sind selbst bei im späten Sommer gesetzten Pflanzen kaum zu befürchten. Da die meisten Teichpflanzen in einzelnen Pflanzcontainern gezogen werden, gibt es beim Umsetzen vom Container in die Teicherde oder in den Gitterkorb keine Wurzelverletzungen, so daß die Pflanzen rasch anwachsen.
Nicht völlig winterharte Pflanzen, wie die Kardinalslobelie (*Lobelia cardinalis*), sollten Sie erst nach den Eisheiligen (Mitte Mai) pflanzen.

Weibchen der Plattbauchlibelle (*Libellula depressa*). Sie ist ein häufiger Teichgast und ernährt sich von Fliegen und Mücken. Ihre Larven brauchen mehr als zwei Jahre für die Entwicklung.

Pflanztips: Teichpflanzen einzusetzen ist keine große Kunst, dennoch sollten Sie einige Besonderheiten beachten:

- Pflanzen, die nicht im Boden wurzeln, legen Sie einfach lose ins Wasser.
- Im Boden wurzelnde Pflanzen, wie die Sumpf- und Schwimmblattpflanzen, können Sie – wenn vorhanden – direkt in den Bodengrund setzen, aber auch ebensogut in Gitterkörbe einpflanzen (→ Zeichnungen, PRAXIS-Seiten 104 und 105).
- Wählen Sie die Gitterkörbe nicht zu klein, im Boden wurzelnde Unterwasserpflanzen und Pflanzen, die Ausläufer bilden, kommen in große, flache Körbe. Die für größere, vor allem blühende Pflanzen wie Schwanenblume, Lobelie oder die verschiedenen Iris-Arten sollten schon einen Durchmesser von etwa 30 cm haben.
- Besonders praktisch und vielseitig verwendbar sind Böschungsmatten mit Pflanztaschen (→ Zeichnung, PRAXIS-Seite 82). Damit lassen sich steile Ufer problemlos bepflanzen, Übergänge von der Sumpfzone zum Gartenbereich schaffen, Folien- oder Fertigteichränder mühelos mit einem Pflanzenteppich überziehen.
- Setzen Sie die Pflanzen in Gruppen, möglichst farblich zueinander abgestimmt. Achten Sie auf die Blütezeiten; Sie können die Pflanzenarten so wählen, daß es den ganzen Sommer über im und am Teich bunt aussieht.

Wichtig: Seerosen-Rhizome immer waagerecht, nie senkrecht einpflanzen (→ Zeichnungen, PRAXIS-Seite 105).

Düngen: Jegliches Düngen bringt überflüssige Nährstoffe in den Teich, die Teichpflanzen gedeihen auch so. Lediglich die Seerosen vertragen eine kleine Starthilfe mit speziellem Wasserpflanzendünger.
Pflanzenpflege: Den Sommer über hat der Teichgärtner größtenteils Pause bis auf ein paar ordnende Handgriffe oder das Auslichten stark wuchernder Pflanzen. Erst im Herbst gibt es bei manchen Teichen einiges zu tun. Ausführlich informiert darüber das Kapitel »Pflege und Überwinterung« (→ Seiten 126 bis 137); dort finden Sie auch viele praktische Ratschläge, wie Sie Ihren Teich gesund erhalten, wie Sie Algen in erträglichen Grenzen halten können und was zu tun ist, falls Pflanzenschädlinge oder -krankheiten auftreten.

Die richtige Pflanzerde

Auch bei der Pflanzerde spielt das Vermeiden eines Überangebots an Nährstoffen eine große Rolle. Gleichgültig, ob Sie Bodengrund in den Teich einbringen oder die Pflanzen in Gitterkörbe setzen, immer muß die Erde nährstoffarm sein.
Bewährt hat sich ein Lehm-Sand-Gemisch im Verhältnis 1:3 oder 1:4, also ein Teil Lehmboden und 3 oder 4 Teile Flußsand. Flußsand gibt es im Baustoffhandel, zu empfehlen sind Körnungen bis zu 2 mm. Die meisten Baustoffhändler und manche Gartencenter liefern den Sand mindestens bis an die Gartentür.
Diese Erdmischung können Sie als Bodengrund in den gesamten Teich einbringen – etwa 10 cm hoch aufschütten, an manchen Stellen kann's auch höher sein – oder auch als Pflanzerde fürs Einpflanzen in Gitterkörbe verwenden. Darin gedeihen alle Pflanzen, die neutralen Boden benötigen und auch etwas Kalk vertragen.
Einige Sumpfpflanzen haben jedoch besondere Ansprüche an den Boden und benötigen kalkarme (torfhaltige) Erde. Dem beschriebenen Lehm-Sand-Gemisch müssen Sie dann noch Torf zufügen – Mischungsverhältnis in der Regel 1:1:1. Da Torf das Teichwasser ungünstig beeinflussen kann, ist zu empfehlen, diese »kalkfliehenden« Pflanzen ins Sumpfbeet zu setzen (→ Seite 38). Sie können dort, in Gitterkörbe eingepflanzt, mit kalkverträglichen Pflanzen zusammengesetzt werden.
Auch gewaschener Sand oder Kies kann als Bodengrund eingebracht werden.
Keinen Fehler können Sie mit der im Handel angebotenen speziellen, ungedüngten Teicherde machen. Vorsicht bei gedüngter Teicherde – setzen Sie Fische erst 2 bis 3 Wochen nach dem Pflanzen ein, sie vertragen Dünger überhaupt nicht (Vergiftungserscheinungen!).
Auf keinen Fall, weil zu nährstoffreich, sollten Sie Mutterboden (die oberste Schicht des Teichaushubs) oder Humus vom Kompost verwenden.

Die Papyrusstaude (Cyperus papyrus) kann 2 bis 3 m hoch werden und braucht einen geschützten, sonnigen oder halbschattigen Platz mit einem Wasserstand von 10 bis 50 cm. Im alten Ägypten wurde sie zur Herstellung von Papyrus verwendet.

Teich mit Seerosen (Nymphaea alba) und Sumpf-Schwertlilien (Iris pseudacorus). Beim Anblick einer solch traumhaften Blütenpracht geht einem das Herz auf. Die Iris, die bis zu 1 m hoch wird und von Mai bis Juni blüht, sowie die Seerosen stehen unter Naturschutz, sind jedoch im Handel in verschiedenen Sorten zu kaufen.

Der Wasserfrosch hält sich bevorzugt im Uferbereich des Teichs auf. Im Winter gräbt er sich in den Schlamm ein oder zieht sich in frostsichere Nischen in der Uferböschung zurück.

Oben: Iris sibirica 'Möwe', Sibirische Schwertlilie, eine weiße Zuchtform, wächst niedrig. Die Wildform ist hell bis dunkelviolett.
Unten: Iris kaempferi 'Embosed', eine Sorte der Japanischen Sumpf-Schwertlilie. Sie wird bis zu 1 m hoch und braucht humosen, sauren Boden.

Pflanzen für die Sumpfzone

Unübertroffen ist die Artenvielfalt der Pflanzen, die sich für die Sumpfzone mit feuchtem Boden und/oder einem Wasserstand von etwa 15 bis 20 cm eignen. Und so faszinierend wie die prachtvollen Blüten, der Reichtum an Blattformen und Blattstrukturen ist auch die Lebensweise dieser Pflanzen. Man nennt sie Sumpfpflanzen oder botanisch Helophyten (griech. *helos* = feuchte Niederung, Sumpf; *phyton* = Pflanze), das sind Pflanzen, die mit den Wurzeln, viele von ihnen auch noch mit den untersten Sproßteilen, im Wasser stehen.
Dies ist jedoch nur eine der Beschreibungen – wahrscheinlich die ideale – der Standortansprüche von Sumpfpflanzen. Denn nirgendwo gibt es Lebensbedingungen, die derart wechselhaft sind wie am Standort der Sumpfpflanzen. Man denke nur an das ständige Auf und Ab des Wasserspiegels, bei dem es genausogut zu einer Überschwemmung kommen kann wie zum kurzzeitigen Trockenfallen. An diese extremen Lebensbedingungen haben sich die Sumpfpflanzen im Laufe ihrer Entwicklungsgeschichte angepaßt, das heißt, sie überleben den steigenden und fallenden Wasserstand, vorausgesetzt, diese Situation hält nicht über Wochen an.

Die Schwimmblattpflanzen

Schwimmblattpflanzen sind Pflanzen, die im Gewässerboden wurzeln und deren Blätter und Blüten auf der Wasseroberfläche schwimmen, bei manchen Arten (Teichrose, einige Seerosen) an langen Stielen sogar über den Wasserspiegel hinausragen. Die Schwimmblätter einiger Arten haben so viel Auftrieb, daß sie leicht einen Frosch tragen können. Unter den Schwimmblattpflanzen gibt es nicht nur die zauberhaftesten Blüher, sie sind auch für das Teichleben nützlich, indem sie mit ihren meist großen Blättern das Wasser beschatten und es so kühler und sauerstoffreicher halten. Der Standort der Schwimmblattpflanzen im Teich kann sehr unterschiedlich sein. Manche wachsen überall, andere leben am liebsten in einer Wassertiefe ab 30 bis 40 cm.

Der Star des Gartenteichs – die Seerose

Zu den faszinierendsten, schönsten, buntesten und bei Gartenteich-Fans beliebtesten Schwimmblattpflanzen gehört sicherlich die Seerose. Sie ist zudem wahrscheinlich die älteste Wasser-Zierpflanze. Schon die Kulturvölker des Altertums sahen in dieser Blume ein Symbol der Reinheit und Lebenskraft und verwendeten sie zur Verschönerung künstlich angelegter Wasserflächen.
Als »Lotosblume des Nils« spielte die Blaue Seerose etwa 4000 vor Christus in Ägypten sowohl im religiösen Leben als auch im Alltag eine große Rolle. Wandmalereien, Keramiken und vieles mehr legen Zeugnis davon ab. Sie galt als Zauberpflanze oder wurde als ein Symbol des Todes angesehen und war dem Osiris geheiligt.
Bei den alten Griechen war es die Weiße Seerose, der man Zauberkräfte zuschrieb. Sie soll aus einer aus Eifersucht gestorbenen Nymphe entstanden sein, und ihre Blüte wurde als Liebeszauber benutzt.
Da auch bei den Indianern Nord- und Südamerikas Seerosen magische und rituelle Bedeutung haben, nimmt es kaum wunder, welche Anziehung diese Blumen nach wie vor ausstrahlen.

Überlebenskünstler
Nicht nur die Sumpfpflanzen kommen aufgrund ihrer Anpassungsfähigkeit mit wechselnden Standortbedingungen zurecht, sondern auch einige Schwimmblattpflanzen, die regelrechte Überlebensstrategien entwickelt haben. Zu einer besonderen Ausprägung haben es der Wasser-Knöterich (*Polygonum amphibium*) und das Pfennigkraut (*Lysimachia nummularia*) gebracht. Sie schaffen es, sowohl trockenen Fußes an Land zu leben als auch im Wasser – dort sogar in einer Wassertiefe von mehr als 50 cm – prächtig zu gedeihen und über Wasser zu blühen. Solche Pflanzen, die eine Wasser- und eine Landform ausbilden, nennt man amphibische Pflanzen. Das Erstaunliche an ihnen ist, daß es sich bei den beiden Formen nicht immer um zwei Pflanzen handelt, sondern es kann – wie eben beim Wasser-Knöterich – durchaus sein, daß eine Pflanze einen Teil ihrer Sprosse als Landform ausbildet und den anderen als Wasserform, wobei die Landform von der Wasserform anfangs mit dem nötigen Naß versorgt wird.
Die anderen Teichpflanzen – Sumpfpflanzen ausgenommen – sind übrigens nicht so große Überlebenskünstler.

Schwimmpflanzen

Schwimmpflanzen sind Pflanzen mit mehr oder weniger ausgeprägten Wurzeln, die frei auf dem Wasser schwimmen. Wasser, Nährsalze, Sauerstoff und Kohlendioxid nehmen sie hauptsächlich über die Blätter auf. Man könnte sie als eine Art Bindeglied zwischen den Schwimmblatt- und Unterwasserpflanzen bezeichnen.
Im Teich werden sie in der Flachwasserzone bis hin zum tieferen Wasser angesiedelt. Im sumpfigen Randbereich sind sie nicht so gut aufgehoben. Allenfalls die Wasserlinse gibt sich mit wenig Wasser »unter den Füßen« zufrieden. Diese Pflanze ist zum Beschatten sowie als einer der wirkungsvollsten Nährstoffbinder in vielen Teichen nützlich, in Ententeichen als Nahrung sogar unentbehrlich. Der Nachteil: sie wuchert stark, und man muß aufpassen, daß sie nicht überhand nimmt.

Das Reizvolle an der Bepflanzung einer Teichanlage ist, daß sie sich über die verschiedenartigsten Zonen erstreckt. Im trokkenen Bereich profitieren Pflanzen wie zum Beispiel der Rhododendron von der Luftfeuchtigkeit, während es die Pflanzen in der Sumpfzone feucht oder sogar richtig naß um ihre Füße herum mögen. Und im Teich gibt es Pflanzen, die auf, im und unter Wasser treiben.

Unterwasserpflanzen – Putzkolonne des Teichs

Diese untergetaucht lebenden Pflanzen sind in der Lage, über die gesamte Oberfläche ihrer Wurzeln, Blätter und Stengel Nährstoffe und Kohlendioxid dem Wasser zu entnehmen, und zwar tagsüber. Nachts verbrauchen sie Sauerstoff. Ihre Wurzeln dienen meist nur zum Verankern im Boden, bei manchen Arten fehlen sie sogar. Wie die Schwimmblattpflanzen haben Unterwasserpflanzen kein Festigungsgewebe und werden weitgehend vom Wasser, unterstützt durch eingelagerte Luftkanäle, getragen.
Erwarten Sie von den Unterwasserpflanzen weder Blütenpracht noch einen großartigen Dekorationseffekt. Dennoch sind es die wichtigsten Pflanzen im Teich, denn sie helfen, seine ärgsten Feinde, Nährstoffüberschuß und Sauerstoffmangel, zu bekämpfen. Im Gefolge dieser »Feinde« sind nämlich die gefürchteten Algen zu finden. Zwar sind Algen im Teich so normal wie der Wasserfloh, solange sie nicht überhandnehmen. Um Algenprobleme von Anfang an in den Griff zu

Oben links: Kalmus (Acorus calamus).
Oben rechts: Scheinzyper-Segge (Carex pseudocyperus).
Unten: Rohrkolben (Typha latifolia).

bekommen, sind die Unterwasserpflanzen ein unentbehrliches Hilfsmittel. Sie erfüllen im Teich lebenswichtige Aufgaben, indem sie Sauerstoff produzieren, der von Tieren und Kleinstlebewesen verbraucht wird. Diese wiederum liefern Kohlendioxid, das die Pflanzen zur Photosynthese benötigen. Außerdem binden sie Nährstoffe und werden so zu Nahrungskonkurrenten der ungeliebten Algen. Es kann also von Vorteil sein, in einen neu angelegten Teich reichlich Unterwasserpflanzen zu packen, weil sie bei der Stabilisierung des Teichlebens helfen. Achten Sie nur darauf, daß der Teich nicht verkrautet oder die Unterwasserpflanzen absterben und so selbst zur Nährstoffüberfrachtung beitragen. Also rechtzeitig auslichten.

Vermehrungskünstler Wasserpest

Ihren Namen hat die Wasserpest (*Elodea canadensis*) nicht umsonst. Zunächst wurde diese Unterwasserpflanze ja charmanterweise »Wassermyrte« genannt, als sie etwa um 1840 in Europa auftauchte, vermutlich per Schiff von Kanada über Irland und Schottland eingeschleppt. Sehr schnell aber taufte man sie um, denn diese Pflanze brachte eine geradezu phänomenale Leistung an Vermehrung. Innerhalb von 50 Jahren gab es kein Gewässer mehr in Europa, in dem sie sich nicht eingenistet hatte. In England verstopfte sie Flüsse und Kanäle und brachte so die Schiffahrt in Bedrängnis, das Erstaunlichste an der Geschichte aber ist, daß die Wasserpest ganz Europa und später gegen Ende des Jahrhunderts auch Asien eroberte, ohne einen einzigen Samen zu produzieren. Denn eingeschleppt wurde von dieser zweihäusigen Pflanze nur die weibliche Ausgabe, so daß eine Samenproduktion naturgemäß nicht möglich war. Die weiblichen Pflanzen der Wasserpest bewerkstelligten ihren Feldzug allein über die vegetative, also ungeschlechtliche Vermehrung. Da selbst das kleinste Stück der Pflanze schon zur Bildung einer neuen ausreicht, konnte sie sich so rasant verbreiten. Die Strömung der Flüsse und Bäche, Wasservögel,

Fischernetze und Boote, einfach alles, was mit Kleinstteilchen dieser Pflanze in Berührung kam, sorgte für ihre Verbreitung.
Dennoch ist die Wasserpest im Gartenteich eine gern gesehene und wichtige Pflanze, da auch sie ein Nahrungskonkurrent von Algen ist. Hält man sie den Sommer über durch gelegentliches Auslichten im Zaum und entfernt im Herbst $^{9}/_{10}$ des Bestands, erfüllt sie ihre Aufgaben als Sauerstofflieferant, Wasserreiniger und Algenhemmer so gut wie kaum eine andere Unterwasserpflanze. Selbst im Winter bleibt sie grün und ist somit auch in der kalten Jahreszeit ein wichtiger Sauerstofflieferant.

Insektenfressende Pflanze im Teich – der Wasserschlauch

Zu den Klappfallenfängern zählt man den Wasserschlauch (*Utricularia vulgaris*), eine Unterwasserpflanze, die mit ihren an langen schwimmenden Stengeln sitzenden Fangvorrichtungen (Fangblasen) Plankton (Pantoffeltierchen, Geißel- und Glockentierchen), Wasserflöhe, Krebstierchen und andere kleine Wassertiere »verschluckt«. Dieser nützliche Tierfänger mit seinen hübschen dottergelben, über den Wasserspiegel hinausragenden Blüten leistet besonders gute Dienste beim Auftreten von Wasserblüte.

Oben: Prachtvolle Gräser am Teichrand: Schwingel und Seggen. Unten: Schlüpfende Vierfleck-Libelle (Libellula quadrimaculata).

PRAXIS
Einpflanzen

Einpflanzen in Gitterkörbe
Das Einsetzen der Pflanzen in spezielle, für Gartenteichpflanzen geeignete Gitterkörbe hat einige Vorteile: Sie können die Körbe bequem außerhalb des Teichs bepflanzen, Sie benötigen wesentlich weniger Bodengrund oder können ganz darauf verzichten; letzteres ist besonders in Teichen zu empfehlen, in denen gründelnde Fische leben, die den Bodengrund aufwühlen und so das Wasser trüben. Außerdem ist es möglich, in der Sumpfzone Pflanzen mit unterschiedlichen Ansprüchen an den Boden (kalkverträgliche und kalkfliehende Pflanzen) zusammenzustellen, indem man jede Pflanze in einen Korb mit der entsprechenden Erde pflanzt. Und – nicht zuletzt – es wird verhindert, daß wuchernde Pflanzen sich zu stark ausbreiten und schwächere verdrängen.

Grundlegendes zum Einpflanzen
Gartenteichpflanzen werden lose oder in speziellen Pflanzbehältern, in sogenannten Containern angeboten. Achten Sie beim Kauf von Containerpflanzen darauf, daß der Wurzelballen gut durchwurzelt, aber nicht verfilzt ist.

<u>Containerpflanzen austopfen</u>
Zeichnung 1
Containerpflanzen müssen unbedingt ausgetopft werden. Die Container eignen sich nicht als Pflanzgefäß, die Pflanze würde darin nach kurzer Zeit ersticken und faulen.
Um Verletzungen der Wurzeln möglichst zu verhindern, stellen Sie den Container samt Pflanze so lange in einen Eimer mit Wasser, bis sich die Erde gut vollgesaugt hat (es dürfen keine Luftblasen mehr aufsteigen). Wenn Sie dann den Container sanft gegen eine

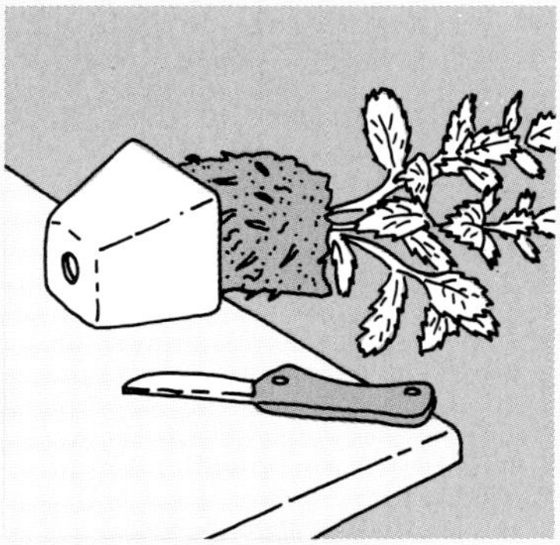

1 | Durch leichtes Klopfen gegen die Tischkante läßt sich der Wurzelballen leicht aus dem Container lösen.

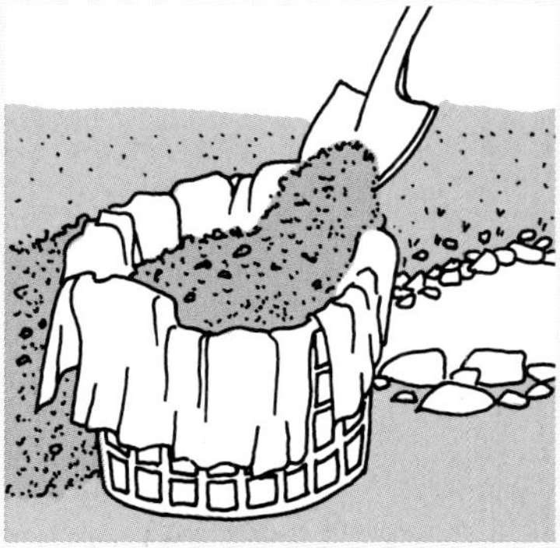

2 | Den Gitterkorb mit einem Pflanzvlies auskleiden, Pflanzerde einfüllen; gut geeignet ist ein Sand-Lehm-Gemisch.

Tischkante schlagen, bekommen Sie den Wurzelballen leicht heraus. Den Ballen mit den Fingern vorsichtig lockern und einpflanzen.

<u>Gitterkorb auskleiden und Erde einfüllen</u>
Zeichnung 2
Um zu verhindern, daß die Erde im Wasser ausgeschwemmt wird, kleidet man die Gitterkörbe mit einem dünnen Pflanzvlies oder einer dünnen Schaumstoffmatte (1 bis 2 mm stark, verrottungsfest) aus (beides im Fachhandel erhältlich). Gut geeignet als Pflanzerde ist ein Sand-Lehm-Gemisch im Verhältnis 1:3 oder eine spezielle ungedüngte Wasserpflanzenerde. Als Vorbeugung gegen Fäulnisbildung etwas gestoßene Holzkohle darunter mischen. Füllen Sie den Korb zu gut zwei Drittel mit Pflanzerde. Ausgenommen bei Seerosen (→ rechte Seite) keinen Dünger verwenden. Die Pflanzen gedeihen auch ohne bestens, Dünger wäre nur eine unnötige Belastung für das Wasser und die Fische.

<u>Pflanzen einsetzen</u>
Zeichnung 3
Machen Sie mit der Schaufel ein Pflanzloch. Containerpflanzen werden samt Wurzelballen eingesetzt. Bei lose gekauften Pflanzen kürzen Sie lange Wurzeln mit einem scharfen Messer so ein, daß sie einen rundlichen »Ballen« bilden. Beim Einsetzen darauf achten, daß die Wurzeln sich nicht

3 | Pflanzloch in die Erde drücken, die Pflanze so einsetzen, daß die Wurzeln sich nicht nach oben biegen.

4 | Erde nur leicht andrücken, die überstehenden Enden des Pflanzvlieses in Korbrandhöhe abschneiden oder nach innen biegen, Erde dünn mit kleinen Kieseln (bei Koiteichen mit groben Kieseln) abdecken.

nach oben biegen. Den Korb bis knapp unter den Rand mit Erde auffüllen und die Erde leicht andrücken. Darauf achten, daß die Triebansätze frei bleiben.

Wässern und mit Kies abdecken
Zeichnung 4
Bevor der Korb in den Teich gestellt wird, sollten Sie die Erde gut durchnässen. Stellen Sie dazu den Korb am besten in eine Wanne, in die Sie langsam Wasser gießen, so daß die Erde von unter her durchfeuchtet wird.
Anschließend das überstehende Pflanzvlies (oder den Schaumstoff) bis in Korbrandhöhe abschneiden oder nach innen biegen.
Bei einem Sand-Lehm-Gemisch ist eine Kiesabdeckung nicht unbedingt nötig, das Gemisch schwimmt unter Wasser nicht auf. Falls Sie eine Pflanzerde verwenden, die aufschwimmt, können Sie die Erdoberfläche mit einer dünnen Kiesschicht bedecken.

Einsetzen von Seerosen und Teichrosen
Pflanzen, die als Wurzelwerk ein Rhizom haben, bedürfen beim Einpflanzen einer besonderen Behandlung, damit sie später nicht kümmern oder gar eingehen. Die bekanntesten Teichpflanzen mit Rhizom sind die Seerose und die Teichrose. Sie werden am besten einzeln in Gitterkörbe gesetzt.

Rhizom vorbereiten
Zeichnung 5
Kürzen Sie die Wurzelhaare mit einem scharfen Messer und entfernen Sie sorgfältig alle Faulstellen. Wundern Sie sich nicht, wenn das Rhizom nach faulen Eiern stinkt, das ist normal. Rhizome wachsen nämlich an der Spitze ständig weiter und faulen an anderen Stellen ab. Um Fäulnisprozessen vorzubeugen, streuen Sie am besten etwas Aktiv- oder Holzkohle auf die Schnittstellen.

Rhizom einsetzen
Zeichnung 6
Setzen Sie ein Rhizom immer waagerecht ein, wobei die Triebansätze für die Blätter nach oben zeigen müssen. Steckt man ein Rhizom senkrecht wie einen Pfahl in die Erde, wachsen die Pflanzen nicht richtig an, sie kümmern oder können sogar eingehen.

Erde einfüllen und düngen
Zeichnung 7 und 8
Gut für See-und Teichrosen eignet sich ein Sand-Lehm-Gemisch im Verhältnis 1:1. Im Gegensatz zu den anderen Gartenteichpflanzen sollten Sie der Erde für die Seerosen ein wenig Dünger beimengen. Seerosen blühen kräftiger, wenn sie eine kleine Starthilfe bekommen. Verwenden Sie aber nur den speziellen Wasserpflanzendünger, wie er für Aquarien- oder Teichpflanzen im Fachhandel angeboten wird, und halten Sie sich genau an die Gebrauchsanweisung. Normale Pflanzendünger schädigen die empfindlichen Schleimhäute und Atmungsorgane der Fische. Den Korb zu zwei Drittel mit Pflanzerde füllen, das Rhizom waagerecht einsetzen, dann den Korb mit Erde auffüllen, die Erde leicht andrücken und durchnässen.

Hinweis fürs Einsetzen von Seerosenkörben in den Teich: Seerosen blühen zeitiger und üppiger, wenn man die Seerosenkörbe im Frühjahr zunächst im Flachwasser plaziert und dann so vorgeht: Erst wenn sich die Schwimmblätter leicht über den Wasserspiegel erheben, wird der Korb so weit ins tiefere Wasser geschoben, bis die Blätter knapp untertauchen. Nach wenigen Tagen haben sich die Blattstengel so gestreckt, daß man den Korb erneut ein Stück weiterschieben kann. Dieser Vorgang wird solange wiederholt, bis die Körbe an der gewünschten Stelle in der Tiefwasserzone stehen. Mit Hilfe eines langen Eisenhakens ist diese Prozedur leicht zu bewerkstelligen.
Falls es in Ihrem Teich nicht möglich ist, die Körbe einfach stückchenweise ins tiefere Wasser zu rücken, schichten Sie am gewünschten Platz des Korbes so viele Gitterziegel aufeinander, bis der Korb die »Flachwasserposition« erreicht hat. Um den Korb abzusenken, nehmen Sie einen oder – wenn nötig – mehrere Gitterziegel weg. Bei diesem Verfahren bleibt es Ihnen allerdings nicht erspart, ins Wasser zu steigen, es sei denn Sie haben im Teich Trittsteine (→ Seite 90) angebracht.

5 bis 8 | *Seerosen und Teichrosen richtig einpflanzen. Beide Pflanzen haben ein Rhizom, das unbedingt waagerecht eingesetzt werden muß.*

Oben links: Tannenwedel (Hippuris vulgaris). Seine unscheinbare Blüte zeigt sich von Mai bis August.
Unten links: Wasser-Hahnenfuß (Ranunculus aquatilis) – ein gutes Versteck für Fischbrut.
Oben rechts: Krebsschere (Stratiotes aloides). Diese Schwimmpflanze blüht von Juli bis August.
Unten rechts: Wasser-Knöterich (Polygonum amphibium), eine Schwimmblattpflanze, die regelmäßig ausgelichtet werden muß.

Oben links: Wasserschlauch (*Utricularia vulgaris*). Die Blüten dieser Unterwasserpflanze ragen 15 bis 20 cm über den Wasserspiegel hinaus. Die Blätter sind mit zahlreichen blasenförmigen Schläuchen besetzt, die dem Fang kleiner Wasserinsekten dienen.
Unten links: Wasserähre (*Aponogeton distachyos*), eine Pflanze für die Uferzone.
Oben rechts: Hechtkraut (*Pontederia cordata*).
Unten rechts: Igelkolben (*Sparganium emersum*). Seine Fruchtstände gleichen in Form und Aussehen einem Igel.

Pflanzen für die Sumpfzone mit feuchtem Boden

Diese Pflanzen brauchen feuchten Boden, vertragen aber keine ständige Staunässe.

Sumpf-Vergißmeinnicht – Sumpfpflanze für feuchten Boden.

Günsel *(Ajuga reptans)*, ◐–● blüht V–VI, blau, rosa, weiß. Bodendecker, lehmig-humoser Boden, verträgt keine Kalkdüngung, Sorten mit schöner Laubfärbung.

Wiesenschaumkraut *(Cardamine pratensis)*, ☼–◐, blüht IV–V, zartlila. Bis 30 cm hoch, leicht saurer Boden, leicht zu vermehren, in kleinen Gruppen pflanzen.

Sumpf-Kratzdistel *(Cirsium palustre)*, ☼–◐, blüht VII–IX, purpurfarben. Bis 1,5 m hoch, zweijährig, anspruchslos, bevorzugt leicht sauren Boden, Insektenweide.

Wasserdost *(Eupatorium cannabinum)*, ☼–◐, blüht VII–IX, schmutzig rosarot. Bis 1,5 m hoch, kann wuchern, kalkhaltiger Boden, Insektenweide.

Echtes Mädesüß *(Filipendula ulmaria)*, ☼–◐, blüht VI–VIII, gelblichweiß. Bis 1,5 m hoch, Blüten aromatisch duftend, rosablühende Sorten im Handel.

Bach-Nelkenwurz *(Geum rivale)*, ☼–◐, blüht V–VII, rotbraun. Bis 70 cm hoch, anspruchslos, durch Teilung leicht zu vermehren, Hummelweide.

Japanische Sumpf-Schwertlilie *(Iris kaempferi)*, ☼, blüht VI–VII, viele unterschiedliche Farben. Bis 70 cm hoch, kalkarmer Boden, viele Sorten in unterschiedlichsten Farben, gruppenweise pflanzen. Enthält hautreizende Stoffe!

Sibirische Schwertlilie *(Iris sibirica)* Ⓢ, ☼–◐, blüht V–VI, blauviolett. Bis 1 m hoch, bildet dichte Rasen, viele Sorten (unterschiedliche Farben), verträgt keinen Dünger. Enthält hautreizende Stoffe!

Prachtscharte *(Liatris spicata)*, ☼, blüht VII–X, purpur, rosa, weiß. Bis 90 cm hoch, anspruchslos, neutraler Boden, oberirdische Teile sterben im Winter ab.

Pfennigkraut *(Lysimachia nummularia)*, ☼–◐, blüht VI–VIII, gelb. Bodendecker, wächst von fast trockenem Boden bis 15 cm Wassertiefe, ideal für Böschungen.

Gewöhnlicher Gilbweiderich *(Lysimachia vulgaris)*, ☼–◐, blüht VI–VIII, goldgelb. Bis 1,5 m hoch, kann wuchern, robust, aber besonders empfindlich gegen Staunässe.

Blutweiderich *(Lythrum salicaria)*, ☼, blüht VI–IX, purpurrot. Bis 2 m hoch, unempfindlich, kann auch im Wasser stehen, nicht mit wuchernden Pflanzen zusammensetzen.

Sumpf-Vergißmeinnicht *(Myosotis palustris)*, ☼–◐, blüht V–IX, hellblau. Bis 30 cm hoch, Dauerblüher, kann wuchern, leicht saurer Boden, paßt gut zu Sumpf-Dotterblume.

Königsfarn *(Osmunda regalis)* Ⓢ, ☼–●, keine Blüte. Bis 1,2 m hoch, Pflanzerde stark mit Torf anreichern, bräunliche Herbstfärbung sehr attraktiv.

Rote Pestwurz *(Petasites hybridus)*, ☼–●, blüht III–V, rötlichweiß. Bis 40 cm hoch zur Blütezeit, danach bis zu 1 m, wuchert, regelmäßig ausdünnen.

Orchideenprimel *(Primula vialii)*, ◐–●, blüht VI–VIII, scharlachrot. Bis 50 cm hoch, Dauerblüher, bevorzugt feuchten Humusboden, in größeren Gruppen pflanzen.

Gemeiner Beinwell *(Symphytum officinale)*, ☼–●, blüht V–VII, rotviolett, gelblichweiß. Bis 1,2 m hoch, leicht aus Samen zu ziehen, problemlos, zweite Blüte durch radikalen Rückschnitt. Enthält hautreizende Stoffe!

Sumpffarn *(Thelypteris palustris)*, ☼–●, keine Blüte. Bis 80 cm hoch, mit leuchtend hellgrünen Wedeln, saurer Boden, leicht zu vermehren durch Teilung.

Trollblume *(Trollius europaeus)* Ⓢ, ☠, ☼–●, blüht V–VI, gelb, zart duftend. Bis 60 cm hoch, leicht saurer Boden, Bienen- und Hummelweide.

Pflanzen für die Sumpfzone mit Wassertiefe von 0 bis 25 cm

Diese Zone sollte an keinem Teich fehlen; sie läßt sich nicht nur üppig bepflanzen, sondern bietet bei richtiger Bepflanzung vielen Tieren (Fröschen, Molchen, Libellen, Schmetterlingen und vielen mehr) Nahrung und Unterschlupf.

Froschlöffel – Pflanze für die Sumpfzone mit einer Wassertiefe von 0 bis 25 cm.

Kalmus *(Acorus calamus)*, ☼, blüht V–VII, gelbgrün unscheinbar. Bis 1,2 m hoch, anspruchslos, wuchert, Vermehrung nur durch Teilung. Enthält haut- und schleimhautreizende Stoffe!

Froschlöffel *(Alisma plantago-aquatica)*, ☼–◐, blüht VI–VIII, weiß. Bis 80 cm hoch, nährstoffzehrend, wuchert, nach 2 Jahren Wurzelstock teilen.

Schwanenblume, Blumenbinse *(Butomus umbellatus)*, ☼, blüht VI–VIII, rosaweiß. Bis 1,2 m hohe Pflanze, muß im Wasser stehen, im Verbund mit Schwertlilien pflanzen.

Sumpfkalla, Drachenwurz *(Calla palustris)* Ⓢ, ☠, ☼–●, blüht V–VII, Hochblatt = weiß, Blüte = gelblich. Bis 40 cm hoch, leicht saurer Boden. Die Früchte (= rote Beeren) sind giftig!

Sumpf-Dotterblume *(Caltha palustris)*, ☼–●, blüht IV–VI, goldgelb. Bildet meist 20 cm hohe Kissen, Wurzeln müssen ins Wasser ragen können, anspruchslos.

Tannenwedel *(Hippuris vulgaris)*, ☼, blüht V–VIII, grünlich, unscheinbar. Bis zu 2 m lange Stengel, verträgt keinen Torf, sonst anspruchslos.

Wasserfeder *(Hottonia palustris)* Ⓢ, ☼, blüht V–VII, weiß bis violettrosa. Der 30 bis 50 cm lange Blütenschaft ragt übers Wasser hinaus, nicht leicht zu halten, weiches Wasser.

Sumpf-Schwertlilie *(Iris pseudacorus)* Ⓢ, ☼–●, blüht V–VIII, gelb. Bis 80 cm hoch, im Wasser in Pflanzkörbe setzen, große Anziehungskraft auf Libellen. Die Blätter und Stengel enthalten Giftstoffe!

Wasser-Minze *(Mentha aquatica)*, ☼–◐, blüht VII–X, hellviolett. Bis 80 cm hohe, aromatisch riechende Pflanze, leicht zu halten, wuchernd.

Fieberklee *(Menyanthes trifoliata)* Ⓢ, ☼–◐, blüht V–VI, rot. Bis 30 cm hoch, kalkarmer Boden, sonst problemlos zu halten.

Wasser-Knöterich *(Polygonum amphibium)*, ☼–◐, blüht VI–IX, rosa. Gedeiht von der Sumpfzone bis 50 cm Wassertiefe, anspruchslos, wuchert, nährstoffzehrend. Die Blätter enthalten hautreizende Stoffe!

Zungen-Hahnenfuß *(Ranunculus lingua)* Ⓢ, ☠, ☼, blüht VI–VIII, goldgelb. Bis 70 cm hoch, immergrün, im Winter unter Wasser weiterwachsend, anspruchslos, Sauerstofflieferant.

Pfeilkraut *(Sagittaria sagittifolia)*, ☼, blüht VI–VIII, weiß. Überwasserblätter ragen bis 40 cm übers Wasser, anspruchslos, Algenkonkurrent, Sauerstofflieferant. Die Knollen enthalten hautreizende Stoffe!

Igelkolben *(Sparganium)*, mehrere Arten, ☼–◐, blüht VI–VIII, grünlich. Bis 1,2 m hoch, gedeiht auch im tieferen Wasser, anspruchslos, regelmäßig Wurzelwerk einkürzen.

Bachbungen-Ehrenpreis *(Veronica beccabunga)*, ☼–◐, blüht V–X, blau. Bildet Polster, wächst kriechend, wuchert, bevorzugt kalkhaltiges Wasser, verträgt keinen Torf.

Schwimmblattpflanzen

Diese Pflanzen sind für Wassertiefen von mehr als 30 cm geeignet.

Seerose – Schwimmblattpflanze für eine Wassertiefe von mehr als 30 cm.

Afrikanische Wasserähre *(Aponogeton distachyos)*, ☼, blüht III–X, weiß. Blüten duften nach Vanille, junge Pflanzen im Flachwasser heranziehen, Pflege wie Seerosen.

Sumpf-Wasserstern *(Callitriche palustris)*, ☼–●, blüht IV–X, unscheinbar. Bis 60 cm Wassertiefe, bleibt im Winter grün, dadurch Sauerstofflieferant auch unter Eisdecke.

Teichrose, Mummel *(Nuphar lutea)* Ⓢ, ☼–●, blüht VI–VIII, dottergelb. Bis 2 m Wassertiefe, bevorzugt Sandboden. Für kleine Teiche besser Zwerg-Teichrose (*N. pumila*).

Weiße Seerose *(Nymphaea alba)* Ⓢ, ☼–◐, blüht V–VIII, weiß. Heimische weiße Seerose, streng geschützt, nur kultivierte Pflanzen kaufen, viele Zuchtformen.

Seerosen-Sorten *(Nymphaea spec.)*, ☼–◐, blüht V–X, viele Farben. Je nach Art bis 1,5 m Wassertiefe. Zahlreiche Zuchtformen, nicht alle winterhart (beim Kauf fragen!).

Seekanne *(Nymphoides peltata)* Ⓢ, ☼–◐, blüht VI–VIII, leuchtend gelb. Bis 50 cm Wassertiefe, wuchert, im Herbst 9/10 entfernen, ideal für Aufwuchs von Fischbrut.

Wasser-Knöterich *(Polygonum amphibium)*, ☼–◐, blüht VI–IX, rosa. Bis 50 cm Wassertiefe, wuchert stark, regelmäßig auslichten, im Herbst 9/10 der Pflanzen entfernen. Die Blätter enthalten hautreizende Stoffe!

Laichkraut *(Potamogeton)*, mehrere Arten Ⓢ, ☼–◐, blüht VI–VIII, unscheinbar. Wächst überall im Teich, Sauerstofflieferant, wasserklärend, algenhemmend, Versteck für Jungfische.

Wasser-Hahnenfuß *(Ranunculus aquatilis)*, ☠, ☼–◐, blüht V–VIII, weiß. Bis 60 cm Wassertiefe, algenhemmend, regelmäßig auslichten, im Herbst Blattwerk entfernen.

Wassernuß *(Trapa natans)* Ⓢ, ☼–◐, blüht VI–IX, weiß. Bis 70 cm Wassertiefe, nährstoffzehrend, Mutterpflanze stirbt im Herbst, Früchte überwintern im Teich.

Schwimmpflanzen

Sie wachsen überall im Teich.

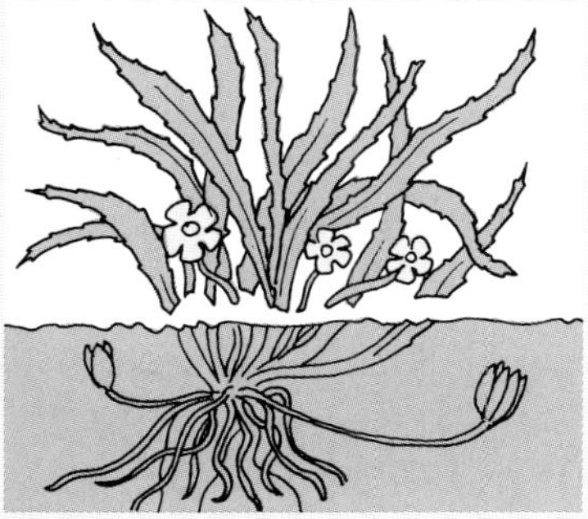

Krebsschere – Schwimmpflanze.

Feenmoos, Moosfarn *(Azolla caroliniana)*, ☼–◐, keine Blüte. Algenhemmend, abfischen, nicht winterhart, eine Handvoll in flacher Schale hell und kühl überwintern.

Wasserhyazinthe *(Eichhornia crassipes)*, ☼, blüht VIII–IX, hellviolett. Blüht nur bei Wassertemperaturen über 20 °C, Überwinterung nur im Aquarium möglich.

Froschbiß *(Hydrocharis morsus-ranae)* Ⓢ, ☼, blüht VI–VIII, weiß. Verträgt keinen Kalk, leicht zu vermehren durch Abtrennen der Tochterrosetten.

Kleine Wasserlinse *(Lemna minor)*, ☼–●, keine Blüte. Algenhemmend, im Sommer unbedingt regelmäßig abfischen, im Herbst 9/10 entfernen.

Muschelblume, Wassersalat *(Pistia stratiotes)*, ☼, keine Blüte. Algenhemmend, verträgt nur Wassertemperaturen über 15 °C, Überwinterung nur im Aquarium möglich.

Schwimmfarn *(Salvinia natans)* Ⓢ, ☼–◐, keine Blüte. Algenhemmend, gelegentlich abfischen, wärmeliebend, vermehrt sich durch Sporen.

Krebsschere *(Stratiotes aloides)* Ⓢ, ☼, blüht V–VIII, weiß. Wasserreinigend, vorbeugend gegen Algenvermehrung, leicht zu vermehren durch Tochterrosetten.

Unterwasserpflanzen

Wegen ihrer nützlichen und lebenswichtigen Eigenschaften dürfen diese Pflanzen in keinem Gartenteich fehlen, sie sind: Sauerstofflieferanten, algenhemmend, weil nährstoffzehrend und wasserklärend. Da die meisten von ihnen stark wuchern, müssen sie im Sommer regelmäßig ausgelichtet und im Herbst zu 9/10 entfernt werden, damit der Teich nicht verkrautet.

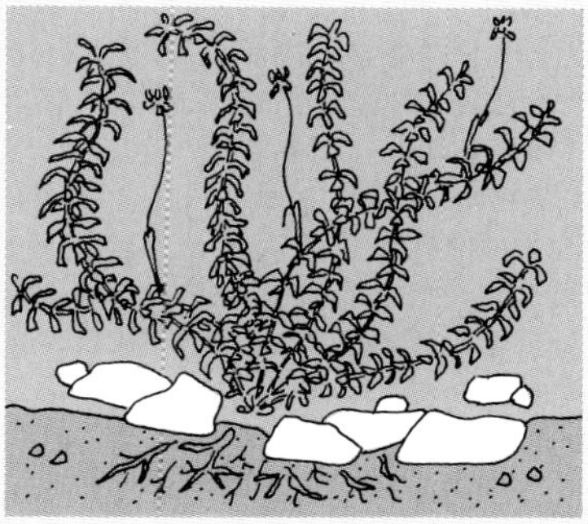

Wasserpest – Unterwasserpflanze.

Wasser-Hornkraut *(Ceratophyllum demersum)*, keine Blüte. Stark gefiederte Pflanze ohne Wurzeln, verträgt Torf schlecht.

Kanadische Wasserpest *(Elodea, Egeria canadensis)*, blüht V–VIII, weiß, Blüten selten. Vermehrung ausschließlich durch Stengelteile.

Wasserfeder *(Hottonia palustris)* Ⓢ, blüht V–VII, weißrosa. Bis 40 cm Wassertiefe, Blüten ragen über die Wasseroberfläche, verträgt keinen Kalk, ist eine zarte, empfindliche Pflanze.

Ähriges Tausendblatt *(Myriophyllum spicatum)*, blüht VII–IX, blaßrosa. Blütenähre ragt etwa 15 cm über den Wasserspiegel hinaus, Vermehrung durch Stengelstücke oder Winterknospen.

Gemeiner Wasserschlauch *(Utricularia vulgaris)* Ⓢ, blüht VI–VIII, goldgelb. Gestielte Blüte ragt über Wasserspiegel, fleischfressende Pflanze (Plankton), hilft bei Wasserblüte durch Volvox.

Gräser, Seggen, Binsen und Rohrkolben

Aparte Pflanzenschönheiten für verschiedene Standorte am und im Teich. Die hier zusammengefaßten Gräser und »grasartigen« Pflanzen sollten Sie in Maßen einsetzen und regelmäßig pflegen: Fast alle Arten breiten sich rasch und stark aus, deshalb sollte man sie im Sommer bei Bedarf und im Frühjahr kräftig auslichten, sonst können benachbarte Pflanzen verdrängt werden.

Rispensegge *(Carex paniculata)*, ☼–◐, Lebensbereich feuchtes Ufer, keine Staunässe. Bis 1 m hoch, horstbildend, kalkhaltiger Boden.

Riesensegge *(Carex pendula)*, ☼–●, Lebensbereich feuchtes Ufer, keine Staunässe. 40 bis 90 cm hoch, wintergrün, braucht kalkarmen Boden.

Scheinzypergras *(Carex pseudocyperus)*, ☼–◐, Lebensbereich feuchtes Ufer, keine Staunässe. Bis 1 m hoch, Solitärpflanze, leicht saurer Boden.

Schmalblättriges Wollgras *(Eriophorum angustifolium)*, ☼–◐, Lebensbereich 0 bis 15 cm Wassertiefe. Bis 50 cm hoch, saurer Boden, dekorative, wollige, weiße Fruchtschöpfe.

Breitblättriges Wollgras *(Eriophorum latifolium)* Ⓢ, ☼–◐, Lebensbereich 0 bis 15 cm Wassertiefe. Bis 60 cm hoch, kalkhaltiger Boden, dekorative, wollige, weiße Fruchtschöpfe.

Binsen *(Juncus)*, mehrere Arten Ⓢ, ☼–◐, Lebensbereich 0 bis 15 cm Wassertiefe. Je nach Art 25–80 cm hoch, leicht saurer Boden, wasserklärend, nährstoffzehrend.

Silberährengras *(Lasiagrostis calamagrostis)*, ☼, Lebensbereich Teichrand, humoser Boden. Bis 70 cm hoch, blüht sehr üppig VI–X, die silbernen Ährenbüsche färben sich im Herbst um.

Blaues Pfeifengras *(Molinia caerulea)*, ☼–◐, Lebensbereich Teichrand, humoser, feuchter Boden. Bis 50 cm hoch, schöne Herbstfärbung, Horst stirbt oberirdisch ab, Neuaustrieb Ende April.

Lampenputzergras *(Pennisetum compressum)*, ☼, Lebensbereich Teichrand, humoser, feuchter Boden. Bis 70 cm hoch, schöne flaumige, bräunliche Blütenähren, Rückschnitt (handhoch) im Frühjahr.

Schilf *(Phragmites australis)*, ☼–◐, Lebensbereich 0 bis 15 cm Wassertiefe. Bis zu 2 m hoch, wichtig wegen deutlicher wasserreinigender Wirkung, stark nährstoffzehrend.

Zwergbambus *(Sasa pumila)*, ☼–◐, Lebensbereich Teichrand, humoser Boden. Bodendecker.

Seebinse, Zebrasimse *(Schoenoplectus tabernaemontani)*, ☼–◐, Lebensbereich 0 bis 30 cm Wassertiefe. Bis 70 cm hoch, anspruchslos, wasserklärend.

Gartenbambus *(Sinarundinaria)*, ☼–◐, Lebensbereich Teichrand, feuchter, humoser Boden. Winterhart, trotzdem Winterschutz mit Laub um Pflanze herum, verträgt Schnitt.

Rohrkolben *(Typha)*, mehrere Arten Ⓢ, ☼, Lebensbereich 0 bis 50 cm Wassertiefe. Höhe je nach Art 0,5 bis 1,8 m, wasserklärend, Algenkonkurrent, *T. minima* ideal für kleine Teiche.

Erläuterung der Symbole

I–XII = Die Blütezeit in Monaten; ☼ = Sonne; ◐ = Halbschatten; ● = Schatten; Ⓢ = Pflanze steht unter Naturschutz; ☠ = giftige Pflanze.

Japanteich im Düsseldorfer Nordpark. Der japanische Garten, der zusammen mit dem gestalterischen auch einem philosophischen Prinzip unterliegt, ist uns westlichen Bewohnern in seinem Wesen nur sehr schwer zugänglich. Eine Teichanlage soll sich so natürlich wie möglich in die Landschaft einfügen und sich in ihr verlieren.

Tiere im Gartenteich

Dieses Kapitel beschreibt, welche Tiere aus der freien Natur einen Gartenteich besiedeln und welche Fische Sie einsetzen können. Es zeigt auch an Beispielen, wie Sie Tieren, die in der Umgebung Ihres Gartens vorkommen, einen Ersatz-Lebensraum schaffen, in dem sie sich wohl fühlen. Kurze Beschreibungen wichtiger Lebensgewohnheiten und Verhaltensweisen helfen, die Gartenteichgäste besser kennenzulernen und ihre Lebensansprüche zu verstehen.

Friedlich liegt der Gartenteich im Sonnenlicht. Eine leichte Brise kräuselt die Wasseroberfläche, und die Seerosen werden von winzigen Wellen sanft geschaukelt. Eine unmerkliche Bewegung lenkt die Aufmerksamkeit auf eines der großen, grünen Blätter. Ein Frosch ist hinaufgeklettert und lauert nun auf Beute. Gespannt schauen Sie ihm zu und nehmen dabei das ganze geschäftige Treiben der Tiere im und am Teich wahr. Unendlich viel gibt es zu beobachten, tagtäglich Neues zu entdecken – die Erlebnisse, die die Welt der Teichtiere zu bieten hat, lassen alle Mühe und Arbeit vergessen, die sich ein Gartenteichbesitzer mit der Anlage und Pflege seines Teichs macht.
Einen Einblick, welche Tiere aus der freien Natur einen Gartenteich besiedeln und welche Fische Sie einsetzen können, gibt dieses Kapitel. Es zeigt auch an einigen Beispielen, wie Sie Tieren, die in der Umgebung Ihres Gartens vorkommen, einen Ersatz-Lebensraum schaffen, in dem sie sich wohl fühlen. Überdies sollen kurze Beschreibungen wichtiger Lebensgewohnheiten und Verhaltensweisen helfen, die Gartenteichgäste besser kennenzulernen und ihre Lebensansprüche zu verstehen.

Frösche, Kröten und andere Amphibien

Amphibien sind zwar Tiere, die sowohl im Wasser als auch auf dem Lande leben, dennoch ist einzig und allein das Wasser für sie die Lebensgrundlage. Ohne dieses Element wäre Fortpflanzung nicht möglich. Hier laichen sie, hier entwickeln sich ihre Larven, bis sie als fertige Lurche oder Molche das Wasser verlassen. Das alles sind spannende Vorgänge, die Sie mit ein wenig Geduld und Ausdauer selbst beobachten können.
Wer sich einmal näher mit der Lebensweise der Amphibien befaßt hat, dem wird nicht nur daran gelegen sein, seinen Gartenteich amphibienfreundlich zu gestalten. Darüber hinaus wird er sich vielleicht auch verstärkt für den Schutz und die Erhaltung der Amphibien einsetzen (Auskünfte darüber gibt es beim Bund für Umwelt und Naturschutz, → Adressen, Seite 143). Denn diese Tiere, die seit Millionen von Jahren unsere Erde bevölkern, sind bei uns vom Aussterben bedroht, seitdem man im Zuge der Flurbereinigung ihre Laichgewässer trockengelegt hat. Diese Gewässer, nämlich die Feuchtgebiete, Weiher, Tümpel und Bäche, sind heute fast völlig aus unserer Landschaft verschwunden. Allerdings hängt es mit von der Lage Ihres Gartens ab, ob sich Amphibien auf der Suche nach neuen Laichgewässern gerade in

Ihrem Teich ansiedeln werden. Es liegt auf der Hand, daß in dichtbebauten Siedlungsgebieten oder in der Stadt die Chancen dafür geringer sind als in Gegenden mit Wiesen, Wäldern, ehemaligen Feuchtgebieten oder auch naturnah angelegten Gartenteichen.
Wichtig: Bevor Sie nun erfahren, was Sie für Amphibien in Ihrem Garten tun können, sollten Sie wissen, was Sie nicht tun dürfen: Da Amphibien unter Naturschutz stehen, ist es nicht erlaubt, die Tiere oder ihren Laich aus natürlichen Gewässern zu entnehmen. Ausnahmen, wie es sie früher einmal gab, sind heute durch das Bundesnaturschutzgesetz nicht mehr möglich.

Frösche

Je nach Region und Landschaft können sich als Gäste im Teich einfinden: der Kleine Teichfrosch (*Rana lessonae*), Wasserfrosch (*Rana esculenta*), Grasfrosch (*Rana temporaria*), Moorfrosch (*Rana arvalis*), Springfrosch (*Rana dalmatina*), Laubfrosch (*Hyla arborea*).
Was Sie tun können: Wichtig für diese Tiere ist ein nicht zu kleiner Teich mit einigen Seerosen, auf deren Blättern sie gerne hocken, besonnte Ufer und ein gut bewachsener Flachwasserteil, in den eventuell vorhandene Fische nicht hineinschwimmen können. Empfehlenswert ist Schilf als Versteckmöglichkeit, für den Laubfrosch zusätzlich dichtes Gebüsch am Ufer, am besten Weidenbüsche, deren Zweige sich übers Wasser neigen.
Lebensweise: Die meisten Frösche sind tag- und nachtaktiv. Sie können sie also, wenn Sie wollen, rund um die Uhr sehen beziehungsweise hören, vor allem zur Paarungszeit im Frühjahr. Über die Froschkonzerte sind Gartenbesitzer, besonders aber ihre Nachbarn, geteilter Meinung. Dies führte unter der Anklage »Lärmbelästigung« sogar schon zu Gerichtsurteilen, die allerdings zugunsten der Frösche ausgefallen sind. Falls Sie oder Ihre Nachbarn Froschkonzerte nicht als Ohrenschmaus empfinden, versuchen Sie es mit dem bekannten Tiervater Alfred Brehm zu halten, der 1876 über Frösche schrieb, »daß ihre Stimme, ihr Gesang ebenso gut zur Frühlingsnacht gehört wie das Lied der Nachtigall. Unbegrenzte Fröhlichkeit spricht sich in den einfachen Klängen aus, ja, wirkliche Einhelligkeit, so rauh die einzelnen auch zu sein scheinen.«

Feuersalamander (Salamandra salamandra). Er ist ein sehr seltener Teichgast. Die Entwicklung der Larven vollzieht sich meist in kühlen Waldgewässern.

Kröten

Häufigster Besuch wird die Erdkröte (*Bufo bufo*) sein, seltener die Geburtshelferkröte (*Alytes obstetricans*), die Kreuzkröte (*Bufo calamita*) und die Wechselkröte (*Bufo viridis*). Dies liegt an ihren besonderen Lebensansprüchen, denn in der Natur leben sie auf sandigen Böden in Kiesgruben und Steinbrüchen.
Was Sie tun können: Erdkröten, die außerhalb der Paarungs- und Laichzeit an Land leben, brauchen als Laichgewässer einen 15 bis 35 cm tiefen Flachwasserbereich mit ins Wasser hängenden Ästen, Ranken, Wurzeln und Wasserpflanzen. An Land bevorzugen Erdkröten gewachsenen Mutterboden, in dem sie graben können, und einen Steinhaufen, den Sie so aufschichten müssen, daß er nicht zusammenstürzt. Den Steinhaufen mit Unkräutern oder Bodendeckern überwachsen lassen, den sommerlichen Aufwuchs nicht zurückschneiden, damit sich ein feuchtes Kleinklima mit Schnecken und Kerbtieren als Nahrungsgrundlage für die Kröten bilden kann.
Lebensweise: Nach der Paarungszeit verlassen die Erdkröten das Laich-

Oben: Solch ein verschwiegener Waldweiher, der ganz dem Rhythmus der Jahreszeiten überlassen ist, birgt eine Vielfalt von Tieren. Unten: Graureiher (Ardea cinerea). Zum Beutefang halten sich Graureiher an Teichen, Flüssen und Altwässern auf, um dort langsam schreitend und mit ausgestrecktem Hals aufmerksam umherspähend auf Fische zu lauern.

gewässer und leben an Land. In naturnah gestalteten Gärten mit Steinhaufen und anderen Versteckmöglichkeiten entfernen sie sich meistens nicht allzu weit vom Teich. Wenn es ihnen dort nicht behagt, legen sie bis zu 3 km zurück, um ein passendes Sommer- und Winterquartier zu finden. Auf ihren Wanderungen sind sie sehr gefährdet, vor allem durch den Straßenverkehr. Wenn sich Kröten in Ihrem Garten angesiedelt haben, sollten Sie sich bei der örtlichen Stelle des Bundes für Naturschutz erkundigen, was Sie zu ihrem Schutz tun können. Übrigens weiß man Kröten, einst als Ekeltiere und Unglücksbringer verschrien, heute sehr zu schätzen: sie machen unermüdlich Jagd auf die im Garten so unbeliebten Schnecken.
Wichtig: Kröten scheiden aus Hautdrüsen ein Sekret aus, das beim Menschen zu starken Schleimhautreizungen führen kann. Wenn Sie eine Kröte angefaßt haben, sollten Sie sich unbedingt sofort gründlich die Hände waschen. Darauf achten, daß Sie sich vor dem Waschen nicht ins Gesicht fassen; sollte es dennoch einmal passieren, bei Reizungen der Augenschleimhäute einen Arzt aufsuchen.

Molche

Im Gartenteich einfinden können sich Teichmolch (*Triturus vulgaris*), Kammolch (*Triturus cristatus*), Bergmolch (*Triturus alpestris*) und der Fadenmolch (*Triturus helveticus*).
Was Sie tun können: Im Teich benötigen Molche einen locker bewachsenen und über mehrere Stunden am Tag besonnten Flachwasserteil, in dem auf keinen Fall Fische leben dürfen. An Land lieben sie ein schattiges, kühles Sommerquartier mit fleckenförmigen Sonnenplätzen. Lockerer Laubhumus und viele bodendeckende Pflanzen am Teich (im Umkreis von 2 bis 5 m) spenden den notwendigen Schatten und halten den Boden kühl. Wichtig für Molche sind Versteckplätze in Teichnähe; der bei den Kröten beschriebene Steinhaufen eignet sich dazu ebensogut wie ein aufgeschichteter Reisighaufen aus kleinen und großen Ästen mit Laub und Kompost dazwischen. Wenn vorhanden, beziehen Molche auch sehr gerne Quartier unter Baumstämmen, Wurzeln oder am Boden liegenden Ästen.
Lebensweise: Molche erscheinen im zeitigen Frühjahr am Laichgewässer, halten sich je nach Art einige Wochen bis einige Monate im Teich auf und beziehen dann im Laufe des Frühsommers ihre Quartiere an Land. Die meisten Molche überwintern an Land in frostsicheren Verstecken, einige aber auch im Wasser. Solange die Molche im Wasser leben, sind sie tag- und nachtaktiv. Während des Landlebens sind sie nur nachtaktiv. Um Molche im Wasser beobachten zu können, braucht man einen geschulten Blick, da sie durch ihre Farben gut getarnt sind. Auch an Land ist es schwierig, sie zu Gesicht zu bekommen, da sie tagsüber meist in ihren Verstecken verharren und erst abends Jagd auf Schnecken und Würmer machen.
Es lohnt sich aber, während der Paarungszeit (März bis April) sich am Teich hin und wieder auf die Lauer zu legen, um den Hochzeitstanz der Molche zu beobachten. Die Molchmännchen tragen zu dieser Zeit leuchtende Farben, die Teich- und Kammolche bilden auf Rücken und Schwanz einen imposanten Kamm aus. Kamm und Schwanz sind die stärksten Ausdrucksmittel beim Hochzeitstanz, der manchmal mehrere Stunden dauert. Dabei wird mit dem Schwanz ein besonderer Duft zum Weibchen gefächelt. Geht das Weibchen auf die Werbung ein, legt das Männchen ein Samenpaket ab, das vom Weibchen sofort in

Gut getarnt durch seine Farbe hockt der Wasserfrosch im Schilf und wartet auf ein vorbeifliegendes Insekt.

Kleintiere im Teich.
Oben links: Wasserläufer (Gerris lacustris).
Mitte links: Froschkaulquappe.
Unten links: Büschelmücken-Larve.
Rechts: Frisch geschlüpfte Larven des Grasfrosches.

Unendlich viel gibt es am Teich zu beobachten, zum Beispiel den Wasserläufer, der elegant über die Wasseroberfläche gleitet und mit seinen Vorderbeinen Insekten fängt. Bei den Larven (Kaulquappen) des Grasfroschs sind kurz nach dem Schlüpfen rechts und links am Kopf die büschelartigen Kiemen zu erkennen. Diese bilden sich später nach innen aus.

die Kloake aufgenommen wird. Dieser Vorgang wiederholt sich mehrere Male – dann trennen sich die Wege des Molchpärchens. Das Weibchen heftet nun die Eier mit den Hinterbeinen einzeln an Wasserpflanzenblätter (zum Beispiel an Wasserpestblätter). Um das Ei zu tarnen, faltet es das Blatt sehr sorgfältig. Nach dem Schlupf tragen die langgestreckten Larven auffällige, nach außen gestülpte Büschelkiemen (die Atmungsorgane). Sie schwimmen gewandt und machen Jagd auf Wasserflöhe und anderes Lebendfutter. Im Juni, Juli verlassen die Alten und später auch die halbwüchsigen Jungtiere das Wasser, um meist erst im nächsten Frühjahr dorthin zurückzukehren.

Unken

Am ehesten zu rechnen ist mit der Gelbbauchunke (*Bombina variegata*), seltener mit der Rotbauchunke (*Bombina bombina*).
Was Sie tun können: Gelbbauchunken bevorzugen in der Natur kleine Wasserstellen wie Pfützen, wassergefüllte Radspuren, Tümpel oder Nischen am Bachufer, die stark besonnt und weitgehend frei von Wasserpflanzen sind. Als Deckung genügen den Unken einige überhängende Grasbüschel.
Solche Kleingewässer in der Größe 30 × 100 cm, 5 bis 15 cm tief, lassen sich leicht neben Gartenteich oder Bachlauf anlegen. Wenn möglich, sollte man gleich mehrere im Abstand von je 1 m anlegen, da paarungswillige Unkenmännchen Rivalen durch leise Rufe vertreiben und die verdrängten Tiere sich ein Ausweichquartier suchen müssen.
Von April bis Oktober leben Unken im Laichgewässer, während sie an Land unter Wurzeln, Steinen und Baumstämmen überwintern. Das bedeutet, daß Sie für »Ihre« Unken auch ein entsprechendes Winter-

Oben links: Furchenschwimmer.
Unten links: Wasserskorpion.
Oben mitte: Larve des Furchenschwimmers.
Unten mitte: Fadenmolch-Larve.
Oben rechts: Ruderwanzen.
Unten rechts: Wasserspinne.

quartier bereithalten müssen. Geeignet ist ein locker aufgeschichteter, von Bodendeckern überwachsener Steinhaufen, falls Baumstämme oder Wurzeln weder vorhanden noch herbeizuschaffen sind. Den Steinhaufen so aufschichten, daß er nicht einstürzen kann.
Lebensweise: Unken sind gut zu beobachten, wenn es ruhig um sie herum ist. Dann treiben sie mit ausgestreckten Beinen an der Wasseroberfläche und lassen sich von der Sonne bescheinen. Fühlt sich die Unke gestört oder angegriffen, nimmt sie die sogenannte Kahnstellung ein, indem sie Vorder- und Hinterende sowie alle vier Fußsohlen nach oben biegt und so dem Angreifer die leuchtend gelben Flecken ihrer Unterseite zeigt (→ Foto, hintere Klapptafel). Diese Warnfärbung signalisiert ihren Feinden »Vorsicht, ätzendes, giftiges Hautsekret«. Übrigens sind die während der Laichzeit zwischen Mai und Juli zu hörenden Unkenrufe wohlklingend und mit einem Froschkonzert nicht zu vergleichen. Ihr dumpfes »uh-uh-uh ...« lassen die Gelbbauchunken 60- bis 120mal in der Minute ertönen.

Auch das ist interessant. Bis zu 500 Eier legt das Furchenschwimmer-Weibchen in feuchten Verstecken an Land ab. Nach dem Schlupf kriechen die Larven ins Wasser, wachsen dort auf 30 mm Länge heran, verpuppen sich indessen wieder an Land. Der Wasserskorpion erbeutet kleine Wassertiere aller Art durch blitzschnelles Zusammenklappen der Fangbeine.
Die Wasserspinne, die zum Luftholen ihren Hinterleib benützt, taucht mit anhängender Luftblase wieder unter Wasser und baut dort etwa daumengroße Wohnglocken, die mit Luft gefüllt werden.

Wunderwelt der Insekten am Gartenteich

Insekten sind die ersten Tiere, die Ihren neu angelegten Teich »entdekken« werden. Und nur wenige Wochen später bevölkern ihn Wasserkäfer wie Rückenschwimmer, Taumelkäfer, Wasserläufer, Gelbrandkäfer und Wasserspinnen. Mit der Zeit folgen die farbenprächtigen Libellen und Schmetterlinge. Allerdings kann es sein, daß Sie die Lebensbedingungen für diese verbessern oder vielleicht sogar erst schaffen müssen.

Hauhechelbläuling (Polyommatus icarus Rott.) an einer Blüte.

»Natur pur« im Garten. Ein naturnah angelegter Teich schafft neue Lebensgrundlagen für viele heimische Tier- und Pflanzenarten, deren natürlicher Lebensraum, die Feuchtgebiete, fast nicht mehr existieren. Der üppige Blutweiderich- und Seerosenbestand läßt beinahe vergessen, daß dieser Teich das Werk von Menschenhand ist.

Libellen

Am Gartenteich erwarten kann man zum Beispiel die Große Königslibelle (*Anax imperator*), Plattbauchlibelle (*Libellula depressa*), Große Pechlibelle (*Ischnura elegans*), Frühe Adonislibelle (*Pyrrhosoma nymphula*) und die Blaugrüne Mosaikjungfer (*Aeshna cyanea*).

Was Sie tun können: Ein naturnah angelegter Teich mit einem locker bewachsenen Flachwasserteil ohne Fische ist der ideale Lebensraum für Libellen. Hier können sie ihre Eier ablegen, hier entwickeln sich ihre gefräßigen, räuberischen Larven. Während der langen Entwicklungszeit, die bei manchen Libellenarten mehr als 2 Jahre dauert, bieten andere Insekten und Kleinstlebewesen ausreichend Nahrung. Mit Schilf und Rohrkolben bewachsene Uferzonen müssen vorhanden sein, damit die Larven kurz vor dem Schlüpfen aus dem Wasser steigen können.

Gebänderte Heidelibelle (Sympetrum pedemontanum). Vom Morgentau geschmückt sieht dieser Teichgast wie ein funkelndes Juwel aus. Sie ist die einzige Heidelibelle mit gefleckten Flügelspitzen.

Lebensweise: Libellenlarven erklimmen nach Beendigung ihrer Entwicklungszeit Pflanzenstengel, um dort zu schlüpfen. Dann entsteigt dem Chitinpanzer der plump wirkenden Larve ein graziles, buntschillerndes Fluginsekt. Mit durchscheinenden, in der Sonne glänzenden Flügeln zeigen die Libellen nun ihre bezaubernden Flugkünste. Mit einer Geschwindigkeit von mehr als 50 km/h jagen sie Insekten nach, oder sie verharren wie ein Hubschrauber in der Luft, schlagen Saltos und fliegen sogar rückwärts. Das Schlüpfen der Libellen, ihr kunstvoller Flug und nicht zuletzt das faszinierende Paarungsrad (→ Foto, hintere Klapptafel), bei dem das Männchen das Weibchen mit zangenartigen Hinterleibsanhängern in der Kopfregion festhält, sind beeindruckende Naturerlebnisse.

Schmetterlinge

Wie viele andere Tierarten sind auch die Schmetterlinge vom Aussterben bedroht. Ihre natürlichen Lebensräume werden zerstört, durch massive Düngung und das Sprühen von Pflanzenschutzmitteln werden die Pflanzenarten vernichtet, die den Raupen Nahrung bieten.

Was Sie tun können: Wirksamster Schutz wären selbstverständlich die Erhaltung und Wiederherstellung der natürlichen Lebensräume, doch auch in Ihrem Garten können Sie einiges tun, zum Beispiel die Nahrungspflanzen der Raupen anpflanzen und – das ist sehr wichtig – keine chemischen Pflanzenschutzmittel verwenden. Ideal ist eine Wildblumenwiese, die nur im Juni und im August morgens noch taufeucht mit der Sense gemäht wird. Wenn das nicht möglich ist, sollten Sie zum Beispiel Brennesseln, Disteln, Schlehen, Weißdorn, Sommerflieder, Hornklee, Gräser und Veilchen anpflanzen. Wer sich näher über einen »Schmetterlingsgarten« informieren möchte, findet Auskunft in der Fachliteratur (→ Bücher, Seite 143).

Lebensweise: Faszinierend ist die Entwicklung der Schmetterlinge. Aus dem Ei bildet sich die Raupe, die wächst und sich dabei mehrmals häutet. Nach der letzten Häutung verpuppt sie sich, und am Ende dieser Entwicklung zwängt sich aus der Puppe der fertige Schmetterling ins Freie. Neben den bunten Arten wird möglicherweise auch ein unscheinbarer, weiß-brauner Falter am Teich auftauchen: der Seerosenzünsler (*Nymphula nymphaeata*), ein nicht so gern gesehener Teichgast, da seine gefräßigen Raupen mitunter einigen Schaden an Seerosen anrichten können. Der Seerosenzünsler ist ein Wasserschmetterling, dessen gesamte Entwicklung – vom Ei bis zur Puppe – im Wasser stattfindet. Im Frühjahr werden die Eier an die Unterseite

von Schwimmblättern geheftet. Die Raupe trennt schildförmige Stückchen vom Blattrand ab und baut sich daraus einen Köcher, in dessen Schutz sie bis zur Verpuppung lebt. Nahrungspflanzen für die Raupen sind zum Beispiel Laichkraut, See- und Teichrosen. Ihre Fraßspuren an den Schwimmblättern sind deutlich sichtbar. In der Regel verkraften gesunde Seerosen diese »Mitesser«. Um sie in Grenzen zu halten, kann man die Raupenbehausungen per Hand absammeln oder die zerfressenen Blätter entfernen. Auf keinen Fall aber darf man mit irgendwelchen Schädlingsbekämpfungsmitteln gegen sie vorgehen. Diese Mittel sind giftig und hätten für den Teich katastrophale Folgen. Bei einem guten, ausgewogenen Fischbesatz nehmen die Zünsler in der Regel jedoch nicht überhand.

Oben: Blaugrüne Mosaikjungfer (Aeshna cyanea) kurz nach dem Schlüpfen.
Unten links: Gebänderte Heidelibelle (Sympetrum pedemontanum).
Unten rechts: Die Blaugrüne Mosaikjungfer ist eine der häufigsten Libellenarten. Sie fliegt oft weit weg vom Wasser und jagt über Hecken und Lichtungen.

Fische im Gartenteich

So mancher Gartenteichbesitzer möchte auf Fische nicht verzichten. Ihn faszinieren die schillernden Farben von Goldfischen oder Kois, oder es macht ihm einfach Freude, einheimische Fische in seinem Teich zu halten. Worauf es bei Teichen, in denen Fische leben sollen, ankommt, ist in den Beschreibungen der entsprechenden Teichmodelle zu finden (→ Seiten 18 bis 47). Nachfolgend werden jene Fische kurz vorgestellt, die sich für die Haltung im Gartenteich eignen. Spezielle Tips und die Regeln fürs Fischehalten sollen Ihnen helfen, Ihre Fische richtig zu pflegen.

Goldorfen, Zuchtformen der Orfe (Leucisus idus). Für Zierteiche sehr gut geeignete Fische, die mit Vorliebe Schnaken und alle Arten von Wasserinsekten fressen

Die einheimischen Fische

Die beschriebenen Fische sind mehr oder weniger häufig im Zoofachhandel erhältlich. Das Moderlieschen und der Europäische Bitterling stehen unter Naturschutz und dürfen nicht aus natürlichen Gewässern gefangen werden. Grundsätzlich gilt: Fische aus öffentlichen und privaten Gewässern können nur mit Genehmigung der zuständigen Behörde (bei der Stadt- oder Kreisverwaltung erkundigen) beziehungsweise des Besitzers entnommen werden.

Bitterling (*Rhodeus sericeus sericeus*): Dabei handelt es sich um die japanische Art des Asiatischen Bitterlings, die im Zoofachhandel am häufigsten angeboten und in der Regel im Gartenteich gehalten wird. Der Europäische Bitterling (*Rhodeus sericeus amarus*), der unter Naturschutz steht, ist im Handel nur selten zu bekommen.

Der Bitterling mit seinem blaugrün schillernden Längsband auf der Schwanzwurzel ist ein Schwarmfisch. Setzen Sie deshalb mindestens 4 bis 6 Tiere ein. Er kann sich nur fortpflanzen, wenn er Teich- oder Malermuscheln vorfindet. Als Laichgebiet braucht er in der Flachwasserzone einen abgegrenzten Bereich mit sandigem Boden und einigen Pflanzen. Als Lebensraum für die Muscheln eignet sich am besten ein größerer, mit Sand gefüllter Pflanzkorb (ohne Pflanzen).

Dreistacheliger Stichling (*Gasterosteus aculeatus*): Sein Kennzeichen sind die drei aufrichtbaren Stacheln vor der Rückenflosse. Während der

Laichzeit bilden die Männchen feste Reviere, die sie gegen Artgenossen und andere Fische verteidigen. Stichlinge bauen Nester am Boden. Das Gelege wird vom Männchen betreut, es fächelt dem Gelege mit der Schwanzflosse ständig Frischwasser zu und verteidigt es gegen Feinde (→ Fotos, oben). Da Stichlinge Raubfische sind und alles fressen, was sich bewegt und was sie verschlucken können, sollte man nur zwei Pärchen in den Teich setzen. Die Eingewöhnung ist schwierig, deswegen zunächst am besten im Aquarium oder in einem separaten Teich halten, da die Fische sonst kümmern und zur Verpilzung neigen. Sie vermehren sich stark (Jungfische abgeben).

Elritze (*Phoxinus phoxinus*): Für kleine Teiche gut geeignet, Besatz von 5 bis 7 Tieren empfehlenswert. Neigt aber bei schlechten Wasserwerten zu Geschwüren und Pilzerkrankungen; deshalb muß vor allem der Nitrit-Nitrat-Gehalt in Ordnung sein. Sehr wichtig ist ein gut funktionierender Filter, besser noch ein Bachlauf.

Bei Männchen und Weibchen bildet sich während der Laichzeit ein Laichausschlag aus (grießkornähnliche Gebilde am Körper). Laicht zwischen April und Juli an Steinen und Pflanzen. Die Jungfische wachsen nur sehr langsam heran und werden erst nach 3 bis 4 Jahren geschlechtsreif.

Gründling (*Gobio gobio*): Der sehr lebhafte Schwarmfisch ist meist graugrün gefärbt mit silberner Bauchpartie und dunkel gesäumten Schuppen. In kleinen Teichen mit anderen Fischarten 2 bis 4 Tiere einsetzen, in größeren Teichen ist ein kleiner Schwarm (5 bis 9 Tiere) zu empfehlen. Pflanzt sich im Gartenteich nur selten fort. Hält die Gelbrandkäferlarven in Grenzen.

Moderlieschen (*Leucaspius delineatus*): Diesen zierlichen Fisch mit seinem blaugrauen Rücken und den silbrigen Seiten sollte man in einem kleinen Schwarm halten (mindestens 5 bis 9 Tiere). Er vermehrt sich – je nach Teichgröße – recht stark und legt seine Eier in einer Art von Laichschnüren im Flachwasser zwischen Pflanzen ab.

Orfe (*Leuciscus idus*): Die Wildform wird selten im Garten gehalten. Die sehr schöne Zuchtform, die Goldorfe, ist orangerot (»golden«) gefärbt. Als Insektenvertilger (Anfluginsekten wie Schnaken, Wasser-

Dreistacheliger Stichling (Gasterosteus aculeatus) bei Nestbau und Brutpflege.
Von links nach rechts: Das Männchen im prächtig gefärbten Hochzeitskleid baut am Grund des Gewässers ein röhrenförmiges Nest. Sobald es dem Weibchen mit dem Maul gegen die Schwanzwurzel tippt, schwimmt dieses zur Eiablage hinein. Das Männchen befruchtet die Eier. Es kümmert sich um das Gelege, fächelt dem Nest zum Beispiel Wasser zu oder verteidigt es gegen Feinde.

Kois bei der Fütterung. Sie werden erstaunlich zahm und kommen, an eine bestimmte Futterstelle gewöhnt, auf Händeklatschen dorthin. Man kann sie sogar daran gewöhnen, das Futter aus der Hand zu nehmen.

insekten) ist sie für den Gartenteich sehr zu empfehlen. Günstig ist ein kleiner Schwarm von mindestens 10 Tieren. Die Goldorfe braucht unbedingt sauberes, sauerstoffreiches Wasser, da sie auf Sauerstoffmangel sehr empfindlich reagiert (schnappt unter der Wasseroberfläche nach Luft).

Wenn der Nitrit-Nitrat-Gehalt nicht in Ordnung ist, bekommt sie sofort offene Stellen und Geschwüre. Behandlung mit Medikamenten (Zoofachhandlung) ist dann nötig. Pflanzt sich im Gartenteich nicht fort.

Ukelei (*Alburnus alburnus*): Dieser lebhafte Schwimmer mit seinem auffallend silberglänzenden Körper sollte in einem kleinen Schwarm gehalten werden (6 bis 8 Tiere). Braucht klares, kälteres, sauerstoffreiches Wasser mit leichter Strömung (Wassertemperatur von März bis Oktober zwischen 14 und 18 °C). Verhindert Aufkommen von Mükkenbrut, da er sich hauptsächlich von Stechmückenlarven ernährt. Wegen der Ansprüche an die Wassertemperatur aber nicht für jeden Teich geeignet.

Die Zierfische

Über die besonderen Ansprüche bei der Anlage und Pflege eines Teichs mit Goldfischen und Kois ist ausführlich im Kapitel über die Teichmodelle berichtet worden (→ Goldfischteich, Seite 26, und Koiteich, Seite 29). Nachfolgend sind die grundlegenden Dinge noch einmal zusammengefaßt.

Goldfische und Kois: Beide Fischarten und ihre Zuchtformen brauchen sauberes, sauerstoffreiches Wasser, das in der Regel nur mit Hilfe eines gut funktionierenden Filters oder eines ausreichend langen Bachlaufs zu erreichen ist. Der Teich darf nicht zu klein sein. Die Fische müssen mit speziellem Goldfisch- beziehungsweise Koifutter ernährt werden. Bei Goldfischen daran denken, daß nicht alle Zuchtformen für den ganzjährigen Aufenthalt im Teich geeignet sind.

Wer mehr über Haltung, Pflege, Vermehrung und Verhalten dieser Zierfische wissen möchte, kann sich gut in der leicht verständlichen Fachliteratur informieren (→ Bücher, Seite 143).

10 Regeln fürs Fischehalten

1. Nur gesunde Fische kaufen. Sie haben klare Augen, der Bauch ist nicht eingefallen oder aufgetrieben, die Flossen sind nicht ausgefranst, die Haut ist unverletzt und klar, die Schuppen sind vollständig, das Schwimmverhalten ist aktiv.
2. Nur Fische einsetzen, von denen Sie genau wissen, daß sie sich für den Gartenteich eignen.
3. Anfangs nicht zu viele Fische einsetzen (Angaben finden Sie bei den Fischbeschreibungen, → Seiten 122 bis 124), da sich die meisten im Teich vermehren.
4. In einen neu angelegten Teich die Fische erst nach etwa 3 Wochen einsetzen; bis dahin hat sich die Wasserqualität einigermaßen stabilisiert.
5. Den geschlossenen Transportbeutel mit den Fischen zunächst so lange auf der Wasseroberfläche schwimmen lassen, bis der Temperaturunterschied zwischen dem Wasser des Verkaufsbeckens (meist 18 °C) und dem des Teichs ausgeglichen ist.
6. In den ersten beiden Tagen den Neuankömmlingen kein Futter geben.
7. Bei der regelmäßigen Fütterung nur so viel füttern, wie die Fische in kurzer Zeit fressen. Zum Teichboden abgesunkenes Fischfutter verschlechtert die Wasserqualität.
8. Verhalten der Fische regelmäßig beobachten. Verändern sie es, Wasserwerte prüfen und sofort regulierend eingreifen (→ Seite 128).
9. Einzelne kranke Fische herauszufangen und im Aquarium zu behandeln, hat wenig Sinn, man muß immer den ganzen Teich miteinbeziehen. Medikamente gibt es im Zoofachhandel. Dem Zoofachhändler die beobachteten Krankheitszeichen genau beschreiben, denn nur so kann er Ihnen bei der Diagnose helfen und geeignete Medikamente empfehlen. Befolgen Sie genau die Gebrauchsanweisung.
10. Fische im Teich nur überwintern, wenn eine ausreichende Tiefwasserzone vorhanden ist (Tiefe mehr als 80 cm), sonst im Aquarium überwintern. Fütterung einstellen, sobald die Wassertemperatur unter 12 °C sinkt. Im Frühjahr die Fische erst füttern, wenn die Wassertemperatur 12 °C übersteigt.

Wer selbst keine Fische in seinen Teich gesetzt hat, wird sich wundern, wenn er eines Tages doch welche vorfindet. Meistens wurden sie von Wasservögeln eingetragen, an deren Beinen oder Gefieder sich der klebrige Laich aus dem Nachbarteich oder anderen Gewässern festgesetzt hat.

Pflege und Überwinterung

Mit dem richtigen Anlegen und einer ausgewogenen Bepflanzung sind wichtige Voraussetzungen für ein gesundes Teichleben geschaffen. Will man der Natur jedoch nicht ihren freien Lauf lassen, wie es zum Beispiel der Naturteich erfordert, sind im Laufe des Jahres auch einige Pflegemaßnahmen nötig. Während der warmen Jahreszeit genügen meist wenige Handgriffe wie Pflanzen auslichten oder die Wasserwerte messen. Sobald es jedoch kühler wird, ist es bei manchen Teichen, vor allem jenen, in denen Fische leben, an der Zeit, sie aufs Überwintern vorzubereiten. Erst dann kann man davon ausgehen, daß Tiere und Pflanzen die Winterruhe gut überstehen und der Teich im Frühjahr zu neuem Leben erwacht.

Bei der Teichpflege ist es vor allem wichtig, die Qualität des Wassers im Auge zu haben. Richtige Bepflanzung, die gelegentliche Kontrolle der Wasserwerte und geeignete Maßnahmen für die Überwinterung sorgen dafür, daß sich Tiere und Pflanzen das ganze Jahr über wohlfühlen.

Was Sie übers Wasser wissen sollten

Kristallklares Wasser mit einer spiegelblanken Oberfläche, auf der das Sonnenlicht tanzt und funkelt und der Himmel sein blaues Auge aufleuchten läßt, mag manchem Teichbesitzer am Herzen liegen. Doch ein Teichwasser, das durchscheinend bis zum Grund ist, muß nicht immer auch gesund sein. Im Wasser spielen sich viele Lebensvorgänge ab, die es zeitweise trüben, ohne daß gleich etwas »passiert« ist. Hinzu kommt, daß es bei verhangenem Himmel anders erscheint als bei strahlendem Sonnenschein oder nach starken Regenfällen. Das Element Wasser spendet nicht nur Leben, sondern hat auch ein Eigenleben, mit meßbaren Eigenschaften, die sich ändern können. Es ist hart oder weich, sauer oder alkalisch, enthält Stoffe, die für Tiere und Pflanzen nützlich oder schädlich sind. Dem Teichwasser müssen Sie daher einige Aufmerksamkeit schenken, damit das Leben darin reibungslos ablaufen kann.

Das richtige Wasser für den Teich

Leitungswasser können Sie in den meisten Gegenden ohne weiteres für den Gartenteich verwenden. In manchen Orten allerdings ist es möglich, daß das Leitungswasser einen hohen Gehalt an Nitraten aufweist, nämlich dann, wenn dort Düngemittelrückstände aus der Landwirtschaft ins Grundwasser gelangt sind (→ Der Nitrit-Nitrat-Gehalt, Seite 129). Zwar sind die Teichpflanzen in der Lage, diese Stoffe später zu verarbeiten, doch kann es vorübergehend zu verstärktem Algenwuchs kommen. Bei stark mit Nitraten belastetem Leitungswasser ist die Zugabe eines Wasseraufbereitungsmittels (im Zoofachhandel erhältlich) zu empfehlen.

Spielerei mit der Randgestaltung. Dieser Teich wurde mit einer kreisförmigen Holzterrasse als Sitzplatz und einem achteckigen Pavillon verschönt.

Regenwasser ist ebenfalls für den Teich geeignet. Wird es über die Regenrinne in eine Tonne geleitet, es nach längeren Trockenperioden erst auffangen, wenn der Regen den gröbsten Schmutz vom Dach abgewaschen hat.

Wasser einfüllen und wechseln

Lassen Sie frisches Wasser grundsätzlich sehr langsam einfließen. Bei der Verwendung von Leitungswasser eine Gießbrause am Wasserschlauch anbringen, der feine Sprühstrahl treibt das Chlor aus. Zuviel Chlor kann bei Fischen zu Kiemenverätzungen führen.

Beim Zierteich mit Fischen sollten Sie möglichst alle 3 Wochen ein Drittel des Wassers wechseln. Wenn Sie das Wasser vollständig austauschen, wie zum Beispiel beim Herbstputz (→ Seite 130), empfiehlt es sich, ein Wasseraufbereitungsmittel zuzugeben.

Beim Naturteich ist ein Wasserwechsel nur bei starken Störungen (zum Beispiel extremer Algenwuchs) nötig. Falls bei einem kleinen Naturteich der Wasserspiegel sehr stark gefallen und in der nächsten Zeit kein Regen zu erwarten ist, lassen Sie sehr langsam Wasser zufließen.

Wichtig: Zum Ablassen von Teichwasser brauchen Sie eine Wasserpumpe, an die Sie einen langen Schlauch anschließen. Versehen Sie die Saugöffnung der Pumpe unbedingt mit einem sogenannten Ansaug-

korb (im Zoofachhandel erhältlich), sonst wird sie durch Pflanzenreste und Mulm verstopft.
Beim Ablassen oder beim Wasserwechsel können Sie das Teichwasser im Garten versickern lassen, vorausgesetzt, der Boden nimmt das Wasser rasch genug auf. Andernfalls leiten Sie es mit Hilfe des Gartenschlauchs besser in die Kanalisation. Es darf keinesfalls in Nachbars Garten gelangen.
Für Wasserschäden haftet nämlich grundsätzlich derjenige (Grundstückseigentümer, aber auch Mieter), der den Gartenteich mit einer Wasserzuleitung oder Wasserableitung angelegt hat. Wird durch eine schadhafte Wasserleitung oder durch unsachgemäßes Ablassen des Teichwassers beispielsweise das Nachbargrundstück überschwemmt oder unterspült, so hat der Verantwortliche den Schaden zu ersetzen.

Wassernuß (Trapa natans), Schwimmblattpflanze bis 70 cm Wassertiefe. Im Herbst färbt sich die Pflanze rot und stirbt ab, während die Früchte zu Boden sinken und dort überwintern. Wichtig ist, daß man beim großen Herbstputz, bei dem die Mutterpflanze entfernt wird, die Früchte nicht versehentlich wegwirft.

Wasserwerte messen

Von der Wasserqualität hängt es ab, ob sich die Tiere und Pflanzen in einem Teich wohl fühlen. Ausschlaggebend dafür sind der Säuregrad, der Nitrit-Nitrat-Gehalt und die Wasserhärte. Diese lassen sich mit sehr einfachen und preiswerten Verfahren messen. Die ermittelten Wasserwerte zeigen an, ob Störungen vorliegen, die beseitigt werden müssen. Deswegen sollten Sie über die wichtigsten Wasserwerte Bescheid wissen. Meßreagenzien, Teststreifen und Farbtafeln erhalten Sie im Zoofachhandel. Damit kann jeder Gartenteichbesitzer die genauen Wasserwerte schnell und problemlos ermitteln. Genaue und verständliche Gebrauchsanweisungen werden mitgeliefert.
In Zierteichen ist eine regelmäßige Kontrolle des Wassers und im Fall der Fälle rasches Handeln nötig. In Naturteichen, in denen keine oder nur sehr wenige Fische leben, sind Kontrollen ab und an ganz nützlich.

Der Säuregrad des Wassers

Der Säuregrad des Wassers wird durch den pH-Wert ausgedrückt. Der Neutralpunkt ist mit der Ziffer 7 angesetzt. Die Werte von 0 bis 6,9 besagen, daß das Wasser sauer ist. Die Werte von 7,1 bis 14 zeigen an, daß das Wasser alkalisch (basisch) ist.
Der richtige pH-Wert, in dem Fische gut gedeihen, liegt bei 6,5 bis 7 (leicht sauer) beziehungsweise bei 7,1 bis 8,5 (leicht alkalisch). Werte unter pH 6 können den Fischbestand gefährden.
Im Laufe des Jahres und sogar während eines Tages kann der pH-Wert des Teichwassers durch den Einfluß von Pflanzen oder Witterung geringfügig schwanken. Das ist normal und schadet den Fischen nicht.
Von Zeit zu Zeit messen sollten Sie den pH-Wert. Heftige Regenfälle zum Beispiel können ihn ungünstig beeinflussen. Im Herbst, wenn das Laub fällt, sind Messungen besonders wichtig, da in kürzester Zeit große Mengen dürrer Blätter ins Wasser gelangen können. Durch Bakterien wird sehr schnell Huminsäure freigesetzt, die den pH-Wert rasch auf Werte um pH 5 und darunter sinken läßt – für die meisten Fische bedeutet dies den Tod.
Den pH-Wert regulieren müssen Sie, wenn er von den für die Fische erträglichen Werten abweicht. Wechseln Sie dann sofort ein Drittel des Wassers und wiederholen Sie gegebenenfalls den Vorgang.

Der Nitrit-Nitrat-Gehalt
Da er für das Wohlbefinden der Fische eine wichtige Rolle spielt, sind regelmäßige Messungen unbedingt zu empfehlen.
Um den Nitrit-Nitrat-Gehalt im Griff zu behalten, müssen Sie kein Chemiker sein (die Messungen sind einfach), sondern lediglich wissen, worum es dabei geht. Im Teichwasser läuft ein ständiger Umwandlungsprozeß ab. Dabei werden die organischen Abfälle von Pflanzen und Tieren (welkende und abgestorbene Pflanzenteile, Ausscheidungen der Fische und anderer Tiere, Futterreste) von Bakterien zersetzt. Während dieses Prozesses ensteht das für Fische giftige Nitrit (NO_2), das in harmloses Nitrat (NO_3) umgewandelt wird. Bei diesem Vorgang wird dem Wasser Sauerstoff entzogen. Solange ausreichend Sauerstoff vorhanden ist und nicht zu viele Abfallstoffe im Wasser sind, funktioniert dieser sich ständig wiederholende Prozeß reibungslos. Der Nitrit-Nitrat-Gehalt bleibt dann niedrig und beeinflußt das Wohlbefinden der Fische nicht.
Zu hoher Nitrit-Nitrat-Gehalt schadet nicht nur den Fischen, sondern dem ganzen Teich: Die Nährstoffüberfrachtung führt zu verstärktem Algenwuchs. Ein hoher Nitrit-Wert verursacht Vergiftungserscheinungen bei den Fischen. Der Sauerstoffmangel treibt die Fische an die Wasseroberfläche, wo sie versuchen, Luft zu schnappen (Notatmung).
Vorbeugung ist vor allem im Zierteich mit Fischen wichtig. Deshalb sollten Sie dort unbedingt alle 3 Wochen ein Drittel des Wassers wechseln und auf die richtige Fütterung der Fische achten. Eine sehr wirksame Vorbeugungsmaßnahme ist das Anlegen eines Bachs als biologischen Filter (→ Seite 66).
Abhilfe im Notfall, vor allem, wenn Sie die Notatmung der Fische beobachten, schaffen Sie, indem Sie sofort ein Drittel des Wassers wechseln und ein Wasseraufbereitungsmittel in den Teich geben (Gebrauchsanweisung beachten!).

Laub muß unbedingt aus dem Wasser entfernt werden, da es sonst die Wasserqualität bedrohlich verschlechtert.

Die Wasserhärte
Der Kalzium- und Magnesiumgehalt des Wassers bestimmt den Härtegrad. Die Gesamthärte des Wassers wird in Grad dH (Grad deutscher Härte) gemessen. Man unterscheidet die verschiedenen Härtegrade des Wassers wie folgt: 4 bis 8 Grad dH = weich, 8 bis 17 Grad dH = mittelhart, 18 bis 30 Grad dH = hart.
Mittelhartes Wasser (8 bis 17 Grad dH) vertragen die meisten Fische gut, viele Fische gedeihen auch in härterem Wasser. Unser Leitungswasser hat in der Regel die geeignete Härte.
Den Härtegrad Ihres Leitungswassers erfahren Sie beim örtlichen Wasserwerk, oder Sie ermitteln ihn mit den entsprechenden Meßreagenzien.
Wichtig für die Messung der Wasserhärte ist die Karbonathärte (KH). Sie gibt die Menge der Karbonate an, das heißt der Verbindungen von Kalzium und Magnesium mit der Kohlensäure. Von der Karbonathärte hängt es ab, wie weit Schwankungen der pH-Werte so aufgefangen werden können, daß sie nicht ins Extreme gehen, was für viele Lebewesen tödlich wäre. Die Karbonathärte ist ein Teil der Gesamthärte und wird mit Hilfe von Meßreagenzien gesondert gemessen.

Gartenteichpflege rund ums Jahr

Ist ein Teich erst einmal richtig angelegt und bepflanzt, gibt es für den Teichbesitzer im Frühjahr wenig und im Herbst etwas mehr zu tun. Während der übrigen Zeit beschränkt sich die Pflege auf wenige Handgriffe.

Der neu angelegte Teich
Nach dem Neuanlegen und Bepflanzen ist die Arbeit erst einmal getan. Sie brauchen nur zuzuschauen, wie alles wächst und gedeiht. Lediglich den in jedem frisch angelegten Teich auftretenden Algen sollte man hin und wieder einen kritischen Blick schenken. Vorausgesetzt, das Wasser ist nicht von vornherein zu nährstoffreich – zum Beispiel durch Einbringen nährstoffreicher Pflanzerde –, verschwinden die Algen von allein, sobald sich genügend Kleinlebewesen und sprießende Pflanzen im Teich befinden. Eingreifen müssen Sie, wenn sich ein dichter Teppich aus Fadenalgen auf der Wasseroberfläche breitmacht. Fischen Sie die Algen ab, am besten mit einem stumpfen Rechen, damit die Folie nicht beschädigt wird. Keine chemischen Mittel verwenden – Ihr Teich käme aus den Wasserproblemen nie wieder heraus.

Sommer – wenig Arbeit, viel Freude
Im Sommer geht es hauptsächlich darum, zu kontrollieren, ob alles in Ordnung ist. Je früher Sie Veränderungen der Wasserqualität bemerken, desto leichter läßt sich der Schaden reparieren. Einen völlig verkrauteten Teich wieder sauberzumachen ist ein größerer, mitunter folgenreicherer Eingriff, als wuchernde Pflanzen Stück um Stück auszulichten.
Abgesehen vom Naturteich sollten Sie bei allen Teichen
- bei Bedarf das Wasser wechseln beziehungsweise nachfüllen;
- regelmäßig die Wasserwerte kontrollieren;
- wuchernde Pflanzen auslichten;
- wenn vorhanden, Fische füttern und regelmäßig ihr Verhalten kontrollieren (Verhaltensänderungen können auf Erkrankungen hindeuten).

Herbst – den Teich fürs Überwintern vorbereiten
Nicht in jedem Teich ist ein großer Herbstputz angesagt. Es kommt ganz auf das Teichmodell an, das Sie haben.
Große Naturteiche ohne Fische können Sie ohne Vorbereitungen dem Winter überlassen. Wer will, kann einen Eisfreihalter anbringen.
Beginnt der Teich zu verlanden, reicht es, wenn Sie alle 2 bis 3 Jahre einen Teil der Pflanzen und des am Boden lagernden Schlamms entfernen. Gehen Sie aber behutsam dabei vor; es darf immer nur eine sanfte Korrektur sein, kein Teichputz.
Kleine Naturteiche, in denen eventuell auch einige Fische leben, brauchen in jedem Herbst ein wenig Pflege. Wechseln Sie etwa ein Drittel des Wassers. Entfernen Sie welkes und abgestorbenes Blattwerk und kürzen Sie wuchernde Pflanzen ein. Ins Wasser gefallenes Laub unbedingt herausfischen, bei starkem Laubfall Teich mit Netz überspannen. Schilf, Rohrkolben und Binsen stehenlassen, da der Teich dort, wo sie wachsen, nicht so schnell zufriert; zudem sind ihre hohlen Halme hilfreich für den Gasaustausch. Sehr zu empfehlen ist ein Eisfreihalter – am besten mit eingebauter Luftpumpe – und/oder ein Oxydator.

Zum Bild:
Laubfrosch im Schilf. Er wird gern als »Wetterfrosch« bezeichnet und kann mit Hilfe von Haftscheiben auf seinen Fingern und Zehen auf Bäume und Sträucher hochklettern.

Krebsschere (Stratiotes aloides). Die im Frühjahr untergetauchte Pflanze, deren Blätter wie eine Säge gezähnt sind, kommt erst zur Blütezeit aus dem Wasser.

Zierteiche, in denen Fische leben, müssen Sie spätestens dann für den Winter vorbereiten, wenn die Wassertemperatur unter 12°C fällt. Dann verlangsamt sich der Stoffwechsel der Fische, sie können nichts mehr verdauen und bereiten sich so auf den Winter vor.
Folgende Pflegearbeiten sind wichtig, damit es im Frühjahr nicht zu Problemen kommt (Sauerstoffmangel, Faulschlamm):
1. Zwei Drittel des Teichwassers ablassen.
2. Fische herausfangen, in ein größeres Gefäß mit Wasser setzen, das mit einem Tuch zugedeckt wird.
3. Teich ausräumen: Mulm entfernen, Algen an den Folienrändern abbürsten, stark wuchernde Pflanzen um vier Fünftel zurückschneiden – ausgenommen Schilf, Rohrkolben, Binsen und Gräser.
4. Bei Bedarf Seerosen umpflanzen: Blätter, Blüten und Stengel abschneiden (keine Blatt- oder Blütenansätze wegschneiden), Rhizom um ein Drittel kürzen, alle Faulstellen entfernen, Rhizom wieder einpflanzen, wenn nötig in größeren Korb. Winterharte Arten an die tiefste Stelle im Teich setzen, empfindliche Arten frostfrei im Keller überwintern, mit Laub bedecken, regelmäßig kontrollieren, Faulstellen sofort entfernen.
5. Frischwasser einlassen und mit einem geeigneten Mittel (Zoofachhandel) aufbereiten.
6. Fische wieder einsetzen, wenn ausreichende Tiefwasserzone vorhanden ist, sonst im Aquarium überwintern.
7. Vor allem in Gegenden mit rauhem Klima sollten Sie kleine Teiche, in denen Fische leben, abdecken (→ PRAXIS-Seite 137).
8. Es ist immer wichtig, daß der Teich nicht völlig zufriert; unter der Eisdecke geht das Leben ja weiter, wenn auch alle Lebensvorgänge wesentlich langsamer ablaufen. Anleitungen, wie Sie für ein freies Loch in der Eisdecke sorgen können, finden Sie auf PRAXIS-Seite 136.

Frühjahr – startklar für den Sommer

Ende Februar, Anfang März wird es wieder Zeit, öfter nach dem Rechten zu sehen. Ein Frühjahrsputz ist zwar nicht nötig, aber das eine oder andere gibt es doch zu tun:
1. Uferbefestigung und Teichrand kontrollieren, lose Steine oder Platten befestigen.
2. Abfluß (Sickergrube, → PRAXIS-Seite 53) bei Bedarf reinigen, zum Beispiel faulendes Laub entfernen.
3. Alle Geräte kontrollieren, ob sie einwandfrei funktionieren.
4. Filter oder Bachlauf wieder in Gang setzen.
5. Seerosen ins Flachwasser stellen und, sobald sich die Schwimmblätter über den Wasserspiegel erheben, stückchenweise ins Wasser schieben, bis sie die richtige Wassertiefe erreicht haben.
6. Pflanzen, die im Herbst nicht geschnitten wurden (Rohrkolben, Schilf, Binsen, Gräser), vor dem Neuaustrieb zurückschneiden. Dabei aber bitte junge Triebe nicht wegschneiden!
7. Wasser testen, wenn nötig regulieren.
8. Im März nachpflanzen.
9. Die Fische zu füttern beginnen, wenn die Wassertemperatur mehr als 12°C beträgt.
10. Im Aquarium überwinterte Fische erst in den Teich setzen, wenn der Temperaturunterschied zwischen Aquarium- und Teichwasser nur etwa 2 bis 3 Grade beträgt. Fische ins flache Wasser setzen!

Der besondere Tip – Algenbekämpfung ohne Gift

Von Bekämpfung darf man eigentlich gar nicht reden, denn Algen gehören zum Teich, genauso wie die Kleinstlebewesen und die Wasserpflanzen. Ein Teich ohne Algen ist ebensowenig gesund wie einer, in dem es zu viele gibt. Da es aber nicht ganz einfach ist, die Algen in den richtigen Grenzen zu halten, paßt das Wort »Kampf« recht gut.

Ursache für übermäßigen Algenwuchs ist immer Nährstoffüberfrachtung und der daraus resultierende Sauerstoffmangel, was darauf hindeutet, daß mit dem Teich etwas nicht in Ordnung ist. Wie bei allen Übeln ist Vorbeugen immer noch die beste Heilung. Deshalb sollten Sie, um übermäßigem Algenwuchs vorzubeugen, alle nachfolgend genannten Maßnahmen treffen. Eine Maßnahme allein führt nicht zu dem gewünschten Ziel.

Pflanzen: Achten Sie auf die richtige Bepflanzung Ihres Teichs (→ Seiten 94 bis 109). Pflanzen entziehen dem Wasser Nährstoffe und damit den Algen weitgehend die Nahrungsgrundlage. Deutlich algenhemmend – als Nahrungskonkurrenten – wirken vor allem die Unterwasserpflanzen wie Wasserpest oder Laichkraut, aber auch Schwimmpflanzen wie die Wasserlinse oder Schwimmblattpflanzen wie der Wasser-Knöterich sind Algenfeinde. Da der Algenwuchs bei steigender Wassertemperatur stärker wird, sind abschattende Pflanzen wie Seerose, Seekanne und andere Schwimmblattpflanzen gute Helfer, um die Wassertemperatur niedriger zu halten.

Schnecken: Einige ansiedeln (zum Beispiel Schlammschnecken, Tellerschnecken, Sumpfdeckelschnecken, Posthornschnecken). Sie ernähren sich von Algen oder abgestorbenen Pflanzenteilen, Tierresten und Schwebeteilchen. Der Schneckenbestand nimmt in der Regel nicht überhand, allerdings muß bei Teichen, in denen Fische leben, darauf geachtet werden, daß kein Fischfutter zu Boden sinkt. Dort wäre es unerwünschte zusätzliche Nahrung für die Schnecken, die sich bei diesen »Leckerbissen« dann auch stärker vermehren würden.

Anlage und Pflege des Teichs: Hier können Sie von Anfang an und rund ums Jahr das meiste tun:

- Legen Sie den Teichrand so an, daß auch bei stärkeren Regenfällen kein Dünger von Rasen oder Beeten in den Teich geschwemmt wird.
- Prüfen Sie hin und wieder den pH-Wert des Teichwassers. Er sollte zwischen pH 6 und 7,5 liegen – eventuell durch Zugabe von Huminsäure (im Zoofachhandel als Extrakt erhältlich) oder durch Einhängen von Torfsäcken (kein Düngetorf!) den gewünschten Wert einstellen.
- Sorgen Sie rund ums Jahr für ausreichende Durchlüftung und Sauerstoffzufuhr. Die auf Seite 58 beschriebene Luftpumpe kann das ganze Jahr über laufen.
- In Teichen mit Fischen ist eine gute Filterung unerläßlich. Entweder einen speziellen Teichfilter betreiben oder einen Bachlauf als biologischen Filter anlegen (→ Seite 66).
- Und nicht zuletzt: Sichtbare Algen, lange Algenbärte und watteartige Gebilde vorsichtig mit der Hand oder einem Kescher entfernen.

Ungeeignete Maßnahmen: Verwenden Sie keine chemischen Mittel zur Algenbekämpfung. Diese Mittel sind Gifte, die dem Teichleben schaden und außerdem nur vorübergehend den Algenwuchs beseitigen. Die Algen wachsen nach kurzer Pause wieder nach, und Sie stehen vor dem gleichen Problem wie zuvor.

Die »hellen, blauen Augen« des Zwerg-Vergißmeinnicht (Myosotis rehsteineri) sehen an einem Bachufer entzückend aus. Im Herbst werden alle ins Wasser ragenden Pflanzenteile abgeschnitten, der Rest erst im Frühjahr bis etwa 5 cm über dem Boden eingekürzt.

Folgende Doppelseite: ▷
Szene am Bach. Bei diesem beispielhaft angelegten Bachlauf hat sich die Mühe gelohnt.

PRAXIS
Teich überwintern

Im Winter ruhen der Teich und seine Bewohner, alle Lebensvorgänge, die biologischen und chemischen Prozesse laufen wesentlich langsamer ab als im Sommer. Große Teiche, vor allem Naturteiche, kann man den Winter über sich selbst überlassen. Bei Zierteichen jedoch, in denen Fische und Seerosen überwintern sollen, sind einige Überwinterungsmaßnahmen nötig.

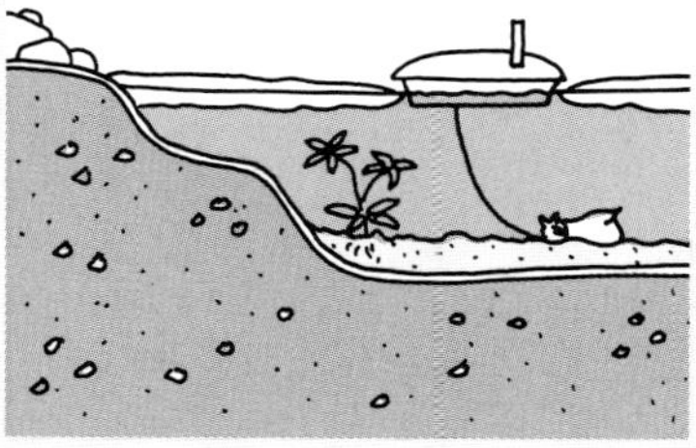

1 *Der einfache, preiswerte Eisfreihalter aus Styropor benötigt keinen Strom und ist einfach zu handhaben. Im Herbst wird er in den Teich gesetzt und mit Gewichten verankert.*

Maßnahmen für die richtige Überwinterung

Selbst wenn Sie nur eine der auf diesen beiden PRAXIS-Seiten beschriebenen und in Zeichnungen dargestellten Maßnahmen ergreifen, hilft das schon den Fischen und dem gesamten Teich. In einem sehr harten Winter sollten Sie die Maßnahmen miteinander kombinieren oder sogar eventuell alle zusammen ergreifen. Die wichtigste Maßnahme: Man muß ein Loch in der Eisdecke freihalten, damit Sauerstoff in den Teich gelangen und Kohlendioxid sowie Faulgase entweichen können.

Hilfreich dafür sind ein Eisfreihalter (→ Zeichnung 1) oder ein Teichheizer (→ Zeichnung 2). Beide Geräte bekommen Sie im Garten- und Zoofachhandel.

Hinweis: In Gegenden, in denen die Winter sehr hart sind, sollte man kleine Zierteiche zusätzlich abdecken, um sicherzugehen, daß Fische und Pflanzen gut über die kalte Jahreszeit kommen (Teich abdecken, → Zeichnung 3).

Oxydator und Luftpumpe

Sauerstoffmangel verhindern kann man mit Hilfe eines Oxydators oder einer Luftpumpe (Membranpumpe, → Seite 58). Beide Geräte gibt es im Garten- und Zoofachhandel.

- Der Oxydator reichert das Wasser mit Sauerstoff an und funktioniert auch unter der Eisdecke. Dieses Gerät wird einfach in den Teich gestellt, es arbeitet ohne Kabel- oder Schlauchverbindungen. Halten Sie sich unbedingt genau an die Gebrauchsanweisung.
- Das Einblasen von Luft bringt den notwendigen Sauerstoff in den Teich und verzögert auch etwas das vollständige Zufrieren des Teichs. Die Luftpumpe können Sie den ganzen Winter über laufen lassen. Den Luftschlauch der Pumpe, an den man am besten einen Ausströmerstein anschließt, unbedingt an eine mitteltiefe Stelle des Teichs legen. Wenn die Luft an der tiefsten Stelle des Teichs austreten würde, entstünde eine zu starke Strömung. Dies wäre eine so große Belastung für die Fische, daß sie stark abmagern würden.

Hinweis: Informieren Sie sich beim Kauf der Pumpe genau über Anwendung und Pflege, und beachten Sie die Sicherheitsratschläge auf Seite 56.

Einfacher Eisfreihalter

Zeichnung 1

Dieser langlebige Eisfreihalter aus Spezial-Styropor sorgt zuverlässig bis −20 °C für eine freie Stelle in der Eisdecke. Er benötigt keinen Stromanschluß, sondern muß lediglich an der tiefsten Stelle im Teich verankert werden – eine leicht verständliche Gebrauchsanweisung wird mitgeliefert. Zusätzlich sollte man eine Luftpumpe (mit Ausströmerstein) betreiben oder einen Oxydator einsetzen.

Teichheizer

Zeichnung 2

Der handelsübliche Name ist leider irreführend; das an einem Korkschwimmer befestigte Gerät heizt nicht das Teichwasser, sondern hält mit verhältnismäßig geringer Wattzahl lediglich ein Loch in der Eisdecke frei. Das Gerät wird per Hand bedient, da Thermostate bei Temperaturen unter 15 °C nicht zuverlässig funktionieren. Bei Frostwetter wird der Teichheizer eingeschaltet, bei Tauwetter ziehen Sie den Netzstecker.

Wichtig: Das Kabel des Teichheizers muß unbedingt so lang sein, daß es vom Teich bis zur Steckdose im Haus reicht. Keine Verlängerungskabel benutzen!
Beachten Sie bitte unbedingt den Abschnitt »Warnung vor Stromunfällen«, → Seite 56. Und: Verwenden Sie bitte niemals Aquarienheizer im Teich. Als »Teichheizer« sind sie völlig ungeeignet!

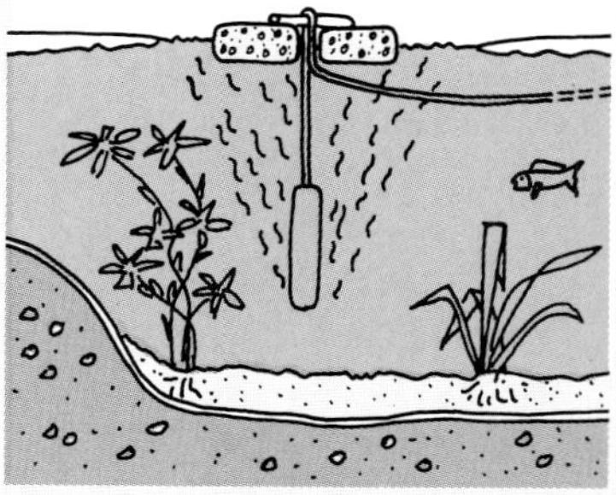

2 *Der an einem Korkschwimmer befestigte Teichheizer wird bei Temperaturen unter 0 °C eingeschaltet. Die von ihm erzeugte Wärme reicht aus, um ein Loch in der Eisdecke freizuhalten.*

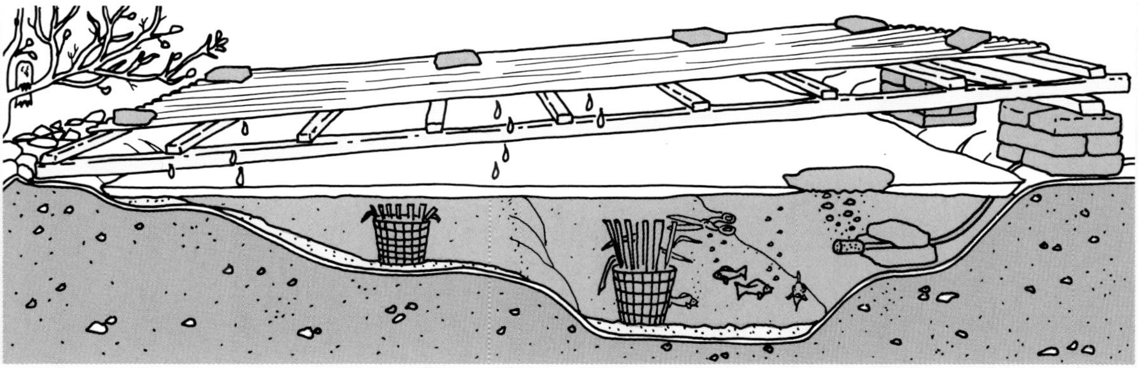

3| Einen kleinen Teich mit Hilfe von Dachlatten und lichtdurchlässigem Material abzudecken ist sinnvoll, wenn dort Fische überwintern. In Gegenden mit rauhem Klima ist die Abdeckung besonders zu empfehlen.

Teichabdeckung
Zeichnung 3
Kleine Teiche mit einer Größe von 6 m^2 oder weniger, in denen Fische und Seerosen überwintern, sollten Sie abdecken, vor allem, wenn Sie in einer Gegend wohnen, in der die Winter sehr kalt und frostreich werden können.
Mit einer Teichabdeckung aus lichtdurchlässigem Material nutzt man die Sonnenwärme ähnlich wie bei einem Frühbeet oder einem Treibhaus: Die Sonne erwärmt die Luftschicht unter der Abdeckung, wodurch im Herbst das Wasser langsamer abkühlt und sich im Winter die Eisbildung verzögert und verringert.
Sobald Sie Ihren Teich für den Winter vorbereitet haben (→ Seite 130), können Sie ihn abdecken. Der beste Zeitpunkt für die Herbstpflege und Abdeckung ist, bevor das Laub von den Bäumen fällt. So verhindern Sie, daß der Herbstwind große Laubmengen in den Teich treibt, die Sie entfernen müßten, um einer Verschlechterung der Wasserqualität vorzubeugen.
Als Abdeckungsmaterial eignet sich nur lichtdurchlässiges Material, am besten aus Kunststoff. Glas ist nicht zu empfehlen, da es gar zu leicht zu Bruch gehen kann. Bewährt hat sich das sogenannte Wellpolydet, ein gewellter Kunststoff, der leicht zu handhaben ist. Wellpolydet ist sehr formstabil und lange haltbar. Im Frühjahr können Sie es zusammenrollen und bis zum nächsten Winter platzsparend im Keller aufbewahren.
Sie bekommen Wellpolydet im Baustoffhandel in verschiedenen Breiten (bis 4,50 m) von der Rolle. Messen Sie vor dem Kauf, wie lang und wie breit die Abdeckung sein muß, damit sie sowohl den Teich vollkommen überdeckt, als auch am Ufer sicher aufliegt. Am besten Länge und Breite des Teichs messen und jeweils 50 cm zugeben.
Beim Anbringen der Abdeckung sollten Sie auf folgendes achten:

- Die Abdeckung muß schräg angebracht werden, so daß an der Oberseite das Regenwasser und an der Unterseite das Schwitzwasser ablaufen kann. Außerdem gewährleistet die schräge Anbringung eine zwar schwache, aber unbedingt notwendige Belüftung.
- Die Neigung der Schräge sollte nach Süden zeigen, weil sich so die Sonnenwärme am effektivsten nutzen läßt.
- Lassen Sie den Winter über eine Luftpumpe mit angeschlossenem Ausströmerstein im Teich laufen, oder setzen Sie einen Oxydator ein, um ausreichend Sauerstoffzufuhr zu gewährleisten. Den Luftschlauch an eine mitteltiefe Stelle legen.

Beim Anbringen der Abdeckung so vorgehen: Beginnen Sie an der Nordseite des Teichs, denn hier muß der Unterbau für die Schräge angelegt werden. Für diesen eignen sich am besten Gitterziegel; sie sind preiswert und lassen sich im Frühjahr schnell wieder wegräumen. Errichten Sie entsprechend der Breite der Abdeckung in kurzen Abständen mehrere Sockel aus Gitterziegeln.
Die Wellpolydet-Bahnen mit Hilfe von Dachlatten (24 x 48 mm) abstützen, damit sie nicht durchhängen. Ordnen Sie die Latten wie einen Gitterrost an (jeweils im Abstand von 60 bis 80 cm).
Legen Sie nun die Kunststoff-Bahnen über den Teich beziehungsweise über den Lattenrost, heuern Sie dazu aber einen kräftigen Helfer an, zu zweit geht das Abdecken wesentlich leichter.
Zum Schluß beschweren Sie die Abdeckung an den Längsseiten, also an der Nord- und Südseite, mit Steinen, damit der Wind sie nicht wegwehen kann.
Kontrollieren Sie hin und wieder, vor allem an stürmischen Tagen, ob die Abdeckung nicht verrutscht ist. Außerdem sollten Sie dicke Naßschneeauflagen abkehren. Pulverschnee kann liegenbleiben, er bildet eine gute zusätzliche Isolierschicht, die eine Eisbildung erheblich dämmt.
Weggeräumt wird die Abdeckung im zeitigen Frühjahr, wenn der Teich nicht mehr zufrieren wird.

Sachregister

Die **halbfett** gesetzten Seitenzahlen verweisen auf Abbildungen.

Die Fotografen

Angermayer: S. 122 o.l., o.r., 123; Becker: S. 2/3, 7, 9, 10/11, 16/17, 19, 21, 23, 24/25, 34, 37, 38, 40/41, 49, 50, 54/55, 60, 64/65, 76, 77, 79, 80, 81, 84/85, 87, 89 u.r., 91, 95, 98/99, 103 o., 110/111, 118/119, 127, 129, 134/135, 140/141; Behlert: S. 44 o.l., 144 r.m.; Blauscheck: S. 45 u.r.; Ebert: S. 96, 116 o.l.; Gröger: S. 4 o., 13 u., 103 u.; Hachmann: S. 51; Kahl: S. 27 u., 29, 124; Krahmer: S. 120, 121 u.l., u.r.; Layer: S. 5 r. 27 o., 35, 56, 57, 113; mein schöner Garten/Stork: S. 89a; Metzger: S. 44 u.l., 45 o.l., o.r., 68, 106 o.l., 166 l m., 121 o., 131, 144 o.r.; Pforr: S. 73 u., 117 o.r., 128, 144 o l.; Reinhard: S. 26 o., 28, 70, 106 o.r., 107 u.l., 116 r., 122 u., 144 u.r.; Ruckstuhl: S. 45 u. m., 115, 144 m.l.; Silvestris/Beck: S. 144 u.l.; Silvestris Meyers: S. 114 u.; Silvestris/Partsch S. 45 u.l.; Silvestris/Rosing: S. 17 r.; Scherz: S. 59, 102 u.; Schlaback: S. 72, 90; Strauß: S. 1, 4/5 u., 15, 20, 25 r., 31, 42, 43, 44 r., 67, 71, 73 o., 78, 88, 89 u.l., 97, 100, 102 o.l., o.r., 106 u.l., u.r., 107 o.l., o.r., u.r., 132, 133; Tessenow: S. 13 o., 14, 69, 99 r., 114 o., 116 u.l., 117 o.l., u.l., o.m., u.m., u.r.; TIPHO: S. 5 l. TIPHO/ Titz: S. 119 r.; Wegler: S. 32, 33; Welsch: S. 39; Zeininger: S. 26 u.

Die in diesem Buch abgebildeten Gartenteiche stammen von folgenden Gartengestaltern: Marry Bauermeister, Köln (S. 91 u.); Richard Bödeker, Mettmann (S. 64/65, 90, 95, 129); Armin Boyer, Mühlheim (S. 140/141); Horst Victor Calles, Köln (S. 87); Degeyter, Brügge/ Belgien (S. 37); Gartenzentrum Hoemann, Langenfeld (S. 76); Brigitte und Walter Normann, Düsseldorf (S. 10/11); Helgard und Volker Püschel, Mettmann (S. 19, 50, 72, 79, 127); Horst Schmittges, Mönchengladbach (S. 80 o.); Horst Schümmelfeder, Düsseldorf (S. 54/55); Pieter Schwarze, Krefeld (S. 49); Felix Viell, Düsseldorf (S. 24/25, 103 o.); Henk Weyers, Haarlem/ Holland (U1, S. 2/3, 7, 34, 77, 118/119); Konrad Wittich, Pfaffenwiesbach (S. 23, 80 u. 81)

Der Autor

Peter Stadelmann, Zoofachhändler, Ausbilder und Prüfer für Einzelhandel-Kaufleute im Zoofachhandel bei der Industrie- und Handelskammer Nürnberg. Sein Spezialgebiet ist seit vielen Jahren die Planung, Anlage und Bepflanzung von Gartenteichen, Bachläufen und Wassergärten.

Hinweis und Warnung

In diesem Buch sind verschiedene elektrische Geräte und ihre Verwendungsmöglichkeiten bei der Teichpflege beschrieben. Wenn Sie diese einsetzen wollen, denken Sie daran, daß elektrische Installationsarbeiten jeder Art nur vom Fachmann ausgeführt werden dürfen. Zu diesen Arbeiten gehören sowohl das Anbringen von Stromanschlüssen als auch das Verlegen von Stromleitungen (→ Warnung vor Stromunfällen, Seite 56).
Um sich und andere vor Schaden zu bewahren, sollten Sie Ihren Teich ausreichend sichern (mit Schutzzaun oder -gitter, → Seiten 58 und 59), wenn kleine Kinder in Ihrem Haushalt leben oder wenn der Teich in einem nicht eingezäunten Gartengelände liegt. Der Abschluß einer Haftpflichtversicherung, die sich auf den Teich bezieht, ist sehr zu empfehlen (→ Haftung bei Unfällen am Gartenteich, Seite 61). Jeder Gartenteichbesitzer muß dafür sorgen, daß kein Wasser – weder unter- noch oberirdisch – aufs Nachbargrundstück gelangen kann. Kontrollieren Sie deshalb regelmäßig die Wasserleitung und führen Sie Wasserwechsel oder Teichentleerung sachgemäß durch.

Literatur

Bücher

Falls einige der angegebenen Bücher im Buchhandel vergriffen sind, werden Sie diese sicher in Bibliotheken finden.

Amlacher, E.: *Taschenbuch der Fischkrankheiten*. Gustav Fischer Verlag, Jena

Bassler, G.: *Bildatlas der Fischkrankheiten im Süßwasseraquarium.* Verlag Neumann-Neudamm, Melsungen

Blab, J.: *Biologie, Ökologie und Schutz von Amphibien.* Kilda-Verlag, Greven

Foerster, K.: *Einzug der Gräser und Farne in die Gärten.* Eugen Ulmer Verlag, Stuttgart

Graeber, T.: Betz-Schiel, W.: *Schöne Terrassen und Sitzplätze.* Eugen Ulmer Verlag, Stuttgart

Jansen, A.: *Teichpflanzen einsetzen und pflegen.* Gräfe und Unzer Verlag, München

Jauch, D.: *Goldfische und Kois in Aquarium und Gartenteich.* Gräfe und Unzer Verlag, München

Scheurmann, I.: *Aquarium für Süßwasserfische und Pflanzen.* Gräfe und Unzer Verlag, München

Stadelmann, P.: *Der Bach im Garten.* Gräfe und Unzer Verlag, München

Stadelmann, P.: *Gartenteich anlegen und bepflanzen.* Gräfe und Unzer Verlag, München

Wilke, H.: *Naturteich anlegen und bepflanzen.* Gräfe und Unzer Verlag, München

Zeitschriften

DATZ. Organ des Verbandes Deutscher Vereine für Aquarien- und Terrarienkunde (VDA) e.V.
Eugen Ulmer Verlag,
Postfach 70 05 61,
70574 Stuttgart

FLORA.
Gruner + Jahr AG & Co.,
20444 Hamburg

Kraut & Rüben.
BLV Verlagsgesellschaft mbH,
Lothstraße 29,
80797 München

mein schöner Garten.
Senator Burda Verlag GmbH,
Hauptstraße 130,
77652 Offenburg

Adressen

Naturschutzorganisationen

Folgende Organisationen geben Gelegenheit zur Mithilfe bei Amphibien- und Reptilienschutzprogrammen:

World Wide Fund Deutschland (WWF), Hedderichstraße 110, 60591 Frankfurt
(Die Organisation besteht auch in der Schweiz und in Österreich)

Bund für Umwelt und Naturschutz Deutschland e.V. (BUND), Im Rheingarten 7, 53225 Bonn
(Regionalverbände dem örtlichen Telefonbuch entnehmen)

DBV Naturschutzbund Deutschland e.V., Bundesgeschäftsstelle: Herbert-Rabius-Str. 26, 53225 Bonn

Genehmigte Lizenzausgabe für Weltbild Verlag GmbH, Augsburg

Zeichnungen: Heiner O. Neuendorf
Umschlaggestaltung: TYPO-CONCEPT, München: Axel Waldhier, Claudia Sanna
Umschlagmotiv: TYPOCONCEPT, München
Gesamtherstellung: Offizin Andersen Nexö, Leipzig
Printed in Germany
ISBN 3-8289-1607-4

2003 2002 2001

Die letzte Jahreszahl gibt die aktuelle Lizenzausgabe an.

Im Bechtermünz Verlag ist außerdem erschienen:

Christiane Widmayr-Falconi
Bezaubernde Landhausgärten

ISBN 3-8289-1609-0
Best.-Nr. 116 056
21,0 x 26,0 cm
192 Seiten
DM 20,-

Wer träumt nicht von einem romantischen Garten mit geheimnisvollen Ecken, blühenden Hecken, einer zauberhaften Wasserwelt und idyllischen Sitzplätzen? Vorbild dafür sind die beliebten Cottage- und Landhausgärten. Wie Sie diese Mustergärten nachgestalten und auch auf kleinere Grundstücke übertragen können, zeigt Ihnen dieses Buch mit fantastischen Farbfotos, praktischen Gestaltungstipps, konkreten Arbeitsanleitungen und ausführlichen Pflanzentabellen.